Anna MANCINI

JUSTICIA E INTERNET

UNA FILOSOFIA DEL DERECHO
PARA EL MUNDO VIRTUAL

BUENOS BOOKS AMERICA

© Anna MANCINI 2004

Ediciones: BUENOS BOOKS AMERICA

Mailing address: PO BOX 115, Cooper Station, New York, NY 10276

E-mail: BuenosBooksameri@aol.com

Website: http://www.Buenosbooksamerica.com

Libro en papel: ISBN: 1-932848-00-2

Libro electrónico: ISBN: 1-932848-01-0

Título del original francés: Justice et Internet, une philosophie du droit pour le monde virtuel, Buenos Books International, Paris, www.buenosbooks.com

Agradezco profundamente a María Elena Rey, (mariaelenarey@hotmail.com) por su apreciada ayuda en la versión en español, por las correcciones y mejoras que aportó al texto y también por el entusiasmo demostrado por el tema del libro.

INDICE

PALABRAS PRELIMINARES

Lo mismo que el dibujo, la escritura o los libros, Internet vuelve perceptible el mundo de las ideas tan caro a PLATÓN. Su diferencia más relevante es la fuerza poderosa de Internet para comunicar las ideas, porque al desmaterializar el pensamiento humano, permite superar obstáculos del mundo material y escapar más fácilmente a todo tipo de "censura".[1] Por esto, la mente moderna puede expresarse libremente en Internet, mientras los otros medios sólo permiten seleccionar ideas admitidas para circular. Toda especie de ideas, de preocupaciones y de informaciones circula en la Red. Así, no es sorprendente encontrar en Internet rasgos oscuros de la psique humana y su universal atracción hacia la sexualidad. Son estos aspectos, junto a la influencia creciente del comercio electrónico, los que constituyen hoy en día los principales pretextos invocados por los Estados para justificar su intervención jurídica en la Red. Sin embargo, sus intentos tropiezan invariablemente con la dimensión internacional de este medio, que desafía todo enfoque jurídico clásico. Además, la gran mayoría de los navegantes rechaza explícitamente la intervención de los juristas en este espacio de libertad. Dicen que Internet se desarrolló hasta lo que actualmente es, sin coacción jurídica. Entonces preguntan: "¿Por qué los gobiernos y sus sistemas jurídicos tendrían que perturbar a este mundo que hasta la fecha sacó tan buen partido de su libertad sin necesitar de derecho alguno?" Hay quienes contestan que ahora se necesita la intervención gubernamental porque se cometen abusos a través de Internet. Habría que proteger, por ejemplo, la vida privada de los individuos y a los menores, además de los derechos de los autores, que parecen particularmente amenazados por este nuevo instrumento. Con más originalidad, un autor[2] demuestra que Internet se está transformando en un espacio donde los códigos (de la informática) sustituyen eficazmente a la ley. Este autor plantea que los ciudadanos deberían tomar conciencia de este hecho y reaccionar escogiendo los valores que desean para Internet, en lugar de padecer opciones que no decidieron y que no se sometieron al proceso legislativo. De estar de acuerdo con esta opinión, ¿qué valores deberíamos escoger? ¿Los de la Constitución norteamericana,[3] que inevitablemente atraen a este profesor estadounidense de derecho constitucional? ¿Los de China, India o aún los de Francia? Al preguntar sobre estas cuestiones, siempre volvemos al derecho positivo de un Estado determinado. Naturalmente este derecho no se puede aplicar de manera eficaz a una red mundial como Internet. La adaptación de viejos textos a nuevas circunstancias no es suficiente. Como observa Lawrence LESSIG[4], es necesario innovar. El mundo virtual y el mundo tangible no funcionan del mismo modo, por eso no pueden dar lugar a valores jurídicos similares. La sensatez más elemental nos invita a olvidar nuestro pasado jurídico, totalmente inadecuado. Sólo con proponer una filosofía jurídica[5] más adecuada e innovadora, los juristas podrán justificar su intervención para favorecer el desarrollo de Internet. Con este propósito, deberían observar mejor cómo funciona el mundo virtual y cuáles son sus diferencias con el mundo material. Como nuestras tradiciones jurídicas y filosóficas no contienen informaciones con respecto a la regulación de un mundo virtual, proponemos estudiar este aspecto desde la filosofía jurídica de civilizaciones antiguas, que tenían una experiencia más profunda del mundo virtual. A primera

9

vista, puede parecer paradójico buscar en esas civilizaciones "consejos" para regular este "nuevo mundo virtual". Sin embargo, basta mencionar que si bien Internet es efectivamente un nuevo medio, el mundo virtual no es nuevo. Siempre existió pero lo hemos ignorado, en alguna medida, hasta el reciente desarrollo del comercio electrónico que demostró el valor económico del mundo virtual y llamó la atención del mundo jurídico. El Egipto y la Roma antiguos no necesitaron Internet para tomar conciencia de la importancia del mundo virtual. Ya habían observado las leyes de su funcionamiento y aplicaron ese conocimiento en el ámbito jurídico. El antiguo Egipto tuvo en cuenta la existencia del mundo virtual[6] para elaborar una concepción muy original de la justicia que se adapta como anillo al dedo al mundo, también virtual, de Internet. La Roma antigua, con su famoso pragmatismo sacó partido de la interconexión[7] entre el mundo material y el mundo virtual, para estructurar su acción jurídica sobre el mundo real y el virtual. Ya en 1979, Michel VILLEY[8] intuyó que el derecho romano sería en la actualidad, de fundamental interés.[9] Pero no es sólo el derecho romano el que se ha vuelto actual por su valor para Internet, sino toda la "filosofía jurídica" de las civilizaciones antiguas

10

"pre-axiales".[10] Al revisar esta filosofía es posible contestar a muchos planteos que la nuestra ha dejado sin repuestas. Le invitamos aquí a descubrir esas antiguas filosofías jurídicas y su utilidad para el mundo virtual de Internet.

Veremos en la primera parte cuáles son las diferencias fundamentales entre el mundo real tradicional y el mundo virtual de Internet. En la segunda, revisaremos cómo el antiguo derecho romano había estructurado su acción sobre el mundo virtual. Por último, bajo el tercer título, buscaremos a través de la antigua civilización egipcia, un concepto de justicia adecuado para Internet.

PRIMERA PARTE

Diferencias fundamentales
entre Internet y el mundo tradicional

Las recientes intervenciones jurídicas por parte de numerosos Estados han demostrado que es ineficaz aplicar lisa y llanamente a Internet, las leyes positivas vigentes, aún ligeramente cambiadas. ¿Por qué esta ineficacia? Para contestar a tal pregunta nos parece necesario tomar distancia con respecto al derecho positivo, a fin de ver mejor cuáles son sus rasgos característicos, y confrontarlos con el mundo virtual de Internet. Estos rasgos esenciales se centran:

- por un lado, en la noción de territorio, sin la cual el derecho positivo no podría existir, pero de la que Internet no tiene ninguna necesidad;

- por otro lado, en la distinción fundamental entre cosas y personas. Mientras que el derecho positivo está centrado en las cosas materiales y el correlativo concepto de propiedad, Internet es por excelencia el mundo de las personas y de sus ideas creadoras, que son inmateriales.

CAPÍTULO 1

Un mundo virtual sin tierra y sin fronteras

En este capítulo, veremos cómo la tierra o el territorio desempeñan un papel fundamental en nuestro mundo tradicional.[11] También reflexionaremos acerca del criterio territorial, que por el contrario, no juega ningún papel en Internet, lo que confirma lo totalmente inadecuado de la aplicación del pensamiento jurídico positivo al ciberespacio. Un mundo jurídico clásico atado desde sus orígenes a la tierra, sólo puede quedar perplejo y desorientado frente a un mundo virtual sin tierra y sin fronteras.

1: Instinto y territorialidad jurídica

El filósofo Jean-Jacques ROUSSEAU, en su libro: *Discurso sobre el origen de la desigualdad*[12] subrayó la relación entre la organización política y la posesión de la tierra, de la siguiente manera:[13]

15

"El primer hombre que cercó un terreno y se atrevió a decir: esto es mío y que encontró personas bastante simples para creerlo, fue el verdadero fundador de la sociedad civil. Cuántos crímenes, guerras, homicidios, miserias y horrores hubiera ahorrado al género humano el hombre que, quitando los postes o rellenando el foso, hubiera gritado a sus semejantes: no escuchen a este impostor; si olvidan que los frutos pertenecen a todos, y que la tierra no pertenece a nadie, están perdidos."

La necesidad de poseer un territorio constituye el rasgo más característico de toda sociedad humana. Esta particularidad también existe en otros reinos, no sólo entre los humanos. De hecho, toda forma de vida en nuestro planeta depende tanto de la tierra, a menudo llamada madre tierra o nodriza, que los conflictos para apropiarse del territorio no se ven únicamente entre los hombres. Como lo describió el botánico Jean-Marie PELT, las plantas también luchan de modos diversos para apropiarse del espacio que necesitan para desarrollarse.[14] Antiguamente, numerosas poblaciones consideraban a la tierra como un ser vivo, objeto de veneración, de respeto y de culto.[15] Aún hoy, algunas poblaciones todavía consideran que la tierra es sagrada y que no puede ser comercializada.[16] En los estatutos de la tierra de las poblaciones autóctonas de Canadá, podemos leer lo siguiente, que es muy ilustrativo de la relación de estos pueblos con la tierra:[17]

"El Creador ha puesto a las poblaciones autóctonas sobre nuestra madre, la tierra. Pertenecemos a ella. No podemos ser separados de nuestras tierras ni de nuestros territorios." "Estos son entidades vivas que forman parte de una relación vital permanente entre los seres humanos y la naturaleza."

El indígena Noble Red Man, sabio Lakota, dijo[18]:

"Sólo Dios es nuestro Padre, y la Tierra es nuestra Madre. El color de nuestra piel lo prueba porque es del mismo color que nuestra Madre Tierra."

El mismo tipo de respecto por la tierra y también por los espíritus considerados como poseedores y gobernadores de la tierra, se puede observar en las poblaciones Sara del sur del Chad. En su interesante tesis,[19] Jean-Pierre MAGNANT estudió la organización jurídica y política de estos pueblos. El autor explica cómo las poblaciones Sara consideraban la tierra y el territorio de modo muy diferente que los colonizadores franceses.[20] De hecho, estos pueblos creían que la tierra pertenecía a los espíritus[21] y que un grupo humano que se instalaba en un lugar, podía gozar de la tierra sólo después de haber obtenido un acuerdo con los espíritus de la tierra.[22] Este acuerdo se lograba por intermedio del sacerdote de la tierra quien conocía los rituales adecuados[23] y a veces tenía también los objetos mágicos necesarios.[24] Entonces, cada pueblo estaba instalado en sitios ritualmente recibidos de los dioses, y en cambio los habitantes debían conformarse con las obligaciones establecidas en el acuerdo inicial. Es decir que debían adecuarse a las costumbres y cumplir los rituales necesarios.[25] Es obvio que al ser poseída sólo por los espíritus del lugar, la tierra nunca podía ser totalmente propiedad de los seres humanos.[26] Se podía considerar que ellos sólo tenían el derecho de gozar de la tierra donde los espíritus los habían aceptado. En este contexto cultural, es lógico que la tierra no pueda ser transferida porque no pertenece a los hombres. Ellos sólo tienen un poder limitado, rigurosamente dependiente del poder absoluto de los espíritus de la tierra.[27] Finalmente, podemos decir que la tierra llega a ser poseída colectivamente por la intervención de los dioses.[28] El sacerdote de la tierra aparece entonces como el guardián del equilibrio natural. Es recién con la llegada de los colonizadores que empezamos a encontrar en estas sociedades, aún agrarias, un sistema de deslinde de las tierras. La tierra no pertenecía a un hombre determinado, no era un objeto solamente material, era también algo espiritual. Donación de los espíritus a un grupo humano –que incluye no sólo a los seres humanos vivos, sino también a los antepasados muertos y a las generaciones por venir[29]- la tierra merecía el mayor respeto. El sacerdote de la tierra estaba encargado de preservar el equilibrio, dando a cada familia lo necesario para vivir, a fin de preservar la paz y la armonía del grupo. Para esta sociedad, tal como para las sociedades occidentales modernas, es a partir de la tierra que se estructura toda la vida política. Una sociedad en donde la tierra es sagrada, no puede obviamente, ser parecida a una sociedad donde la tierra, desacralizada, puede ser comprada o vendida. Sin embargo, por ser la tierra el objeto de unas de las necesidades fundamentales de todos los seres vivos: humanos, vegetales o animales, desempeña un papel preponderante en la organización social de todas las sociedades modernas o antiguas.

El instinto que nos ata a la tierra-nodriza es tan poderoso, tan primordial, que no es sorprendente que todos los sistemas jurídicos sean estructurados a partir de esta base. Aún hoy, la tierra siempre desempeña un papel fundamental en todas las ramas del derecho[30] y especialmente en el derecho internacional. Tanto en el derecho civil, como en el penal, comercial, o el derecho de autor, podemos observar la omnipresencia del criterio territorial. No faltan los ejemplos: la tierra, el sitio, el territorio, pertenecen a la estructura de numerosas normas jurídicas y también forman parte de todo el derecho positivo. La *Teoría pura del derecho* de KELSEN, que juega un papel importante en el modo moderno de percibir el derecho, no escapa de este anclaje a la tierra. De hecho, la *teoría* de KELSEN fue enteramente construida sobre los conceptos-clave de lugar, de espacio, de tiempo relacionado al espacio, o de territorio. Sin embargo, todos estos conceptos tan necesarios al derecho positivo, son inútiles en Internet. Después de la presentación[31] de la teoría de Hans KELSEN, veremos cómo la falta del criterio territorial en Internet -un criterio tan importante para la psique humana y tan fuerte en la memoria- deja al jurista desorientado en el universo de Internet. Por primera vez en la historia del derecho, el punto de referencia más antiguo y fundamental no sirve de nada para regular al mundo virtual. ¿Cómo puede el jurista justificar la aplicación a Internet de normas y filosofías jurídicas centradas y construidas a partir de un criterio (territorial) que no vale en Internet?

2: El territorio, piedra angular del positivismo jurídico

Los sistemas jurídicos vigentes, ya sea que pertenezcan a la familia del derecho romano-germánico, al sistema de la Common Law, o que formen parte de sistemas religiosos, fueron todos al principio construidos a partir de la necesidad de justicia y sin ayuda de los textos escritos. Es la necesidad de justicia para lograr una sociedad lo más justa posible, lo que conduce gradualmente a la creación de sistemas jurídicos. A pesar de la causa inicial de los sistemas jurídicos, una filosofía del derecho a la que no importa la idea de justicia y estrechamente dependiente de los escritos, nació en el mundo occidental y tuvo su culminación en la *Teoría pura del derecho* de Hans KELSEN. Hans KELSEN sostiene que él es el heredero del positivismo jurídico del siglo diecinueve, y que sólo contribuyó a su continuación purificando el derecho de todos sus residuos ideológicos.[32] Sin embargo debemos observar que la herencia de Hans KELSEN es mucho más

21

antigua. En efecto, si los juristas de hoy pueden considerar la ciencia del derecho como una ciencia de la arquitectura normativa, esto se lo deben al hecho que nuestro mundo moderno es el heredero de una civilización de lo escrito. Es la escritura la que permitió construir gradualmente sistemas jurídicos completamente dependientes de una memoria escrita, de textos jurídicos o de códigos. En las civilizaciones antiguas los juristas o los sacerdotes no podían buscar en una memoria escrituraria las repuestas a los problemas jurídicos que se planteaban. Tenían que inventarlas. Imaginar la solución justa era el único medio a su disposición para equilibrar la vida social. Hans KELSEN es heredero no sólo del positivismo del siglo diecinueve sino también de la civilización de la escritura que permitió la existencia de todos los textos jurídicos sin los cuáles su teoría no hubiera podido existir. Sin escritura nunca hubiera podido haber filosofía jurídica positivista liberada de la necesidad de justicia, y basada enteramente sobre el estudio de las normas. Es esta filosofía la que Hans KELSEN sistematizó en su libro *Teoría Pura Del Derecho*. Para entender mejor esta teoría, se necesita hablar de la época en la que nació. La primera versión alemana de la *Teoría pura del derecho* fue publicada en

1934, después de la primera guerra mundial, mientras que la versión francesa fue publicada sólo al final de la segunda guerra mundial.[33] Con esto podemos entender la actitud de Hans KELSEN que en esas épocas de odio y de violencia podía haber perdido la fe en el ser humano y sobre todo hubiera querido para el bien de la humanidad (por ejemplo) limpiar el derecho de toda ideología, puesto que son las ideologías las que parecen llevar a las guerras. Sin embargo, no se trata sólo de esto. KELSEN va mucho más lejos. Su *Teoría pura del derecho* limpia el sistema jurídico de toda ideología,[34] de todas las corrientes políticas,[35] de toda moral[36] y de todo ideal de justicia.[37] El quiere hacer del derecho un objeto neutro,[38] un medio, una técnica que por último, si seguimos el razonamiento del autor hasta el fin, podría ser utilizada como toda especie de poderes lo quieran.[39] Por eso, no entendemos cuál es la utilidad y sobre todo la lógica de despojar al sistema jurídico de toda ideología, para por último, hacer del derecho un instrumento ciego al servicio de cualquiera ideología. Pensamos que las guerras mundiales desempeñaron un papel importante en el hecho que KELSEN imaginó un sistema jurídico desprovisto de todo sentimiento humano (ya que son los sentimientos los que conducen a la guerra), abstracto, neutro, objetivo y lógico. KELSEN dice que él (es decir la *Teoría pura del derecho*) estaba simplemente buscando la verdad.[40] La *Teoría pura del derecho* tuvo mucho éxito porque fue capaz de dar al sistema jurídico, presentándolo como "la ciencia del derecho", todo el reconocimiento de su época a las ciencias de la naturaleza. Estas, al ser desprovistas de las ideologías que las entorpecían, habían logrado considerables avances tecnológicos. Siendo el derecho también una ciencia, el jurista, tal como el científico, no puede tener la responsabilidad de cómo se utilizan los instrumentos que ha inventado. Los juristas al igual que los científicos, avanzan hacia el progreso, libres de todas las ideologías que siempre fueron obstáculo para todo tipo de avances. Para KELSEN el sentimiento de justicia es también una ideología que se debe suprimir. El critica a los juristas que (¡aún!) se interesan por la justicia, de la siguiente manera:

"... a los juristas...no les gusta dejar de creer y de hacer creer que su ciencia permite encontrar la solución "justa" a los conflictos de intereses en la sociedad."[41]

y sostiene, que en su opinión, el verdadero papel del

jurista debe ser:

"El jurista, por el contrario, está encargado de conocer el derecho y debe describirlo con la ayuda de las normas jurídicas."[42]

Según el autor, el jurista sólo se debe interesar por las normas jurídicas, no debe interesarse por la justicia o la moral que no forman parte de su trabajo. Eso le parece deber aplicarse también a los jueces que en su opinión no deben preguntarse si algo es justo o si la aplicación de una norma es justa y cuál es su legitimidad. Hans KELSEN escribe:

"El jurista que es quien describe el derecho, debe considerarlo como la norma jurídica aplicable al caso concreto. Toda opinión diversa no tiene valor jurídico."[43]
"Siendo puramente subjetivos, los juicios de valores están fuera del ámbito científico, porque la objetividad es el elemento esencial de toda ciencia. En consecuencia la ciencia del derecho no puede declarar que un dado orden jurídico o una determinada norma jurídica sean justos o injustos, porque este tipo de juicio se funda ya sea sobre una moral positiva, es decir sobre un orden normativo diferente e independiente del derecho positivo, o sobre un verdadero juicio de valor de carácter subjetivo."[44]

Como consecuencia de todo esto, para KELSEN, y para el

positivismo jurídico contemporáneo, no hay sitio para la justicia en la ciencia del derecho. Siendo un sentimiento, la justicia debe ser totalmente excluida del ámbito de la ciencia jurídica. Como además, la justicia está impregnada de todo tipo de ideologías: políticas, morales o religiosas, le parece primordial excluirla totalmente del campo jurídico. La ciencia del derecho debe imperativamente tener las características de toda ciencia. Debe ser objetiva, lógica y adecuarse a leyes científicas, las que en su sistema él llama "reglas jurídicas".[45] Hans KELSEN entonces copia a los científicos de su tiempo, para dar a la ciencia del derecho toda la apariencia de racionalidad y de objetividad. Con este propósito Hans KELSEN ha reemplazado el principio de causalidad tan importante en las ciencias naturales por un principio de imputación, para dar a su sistema toda la apariencia lógica y científica deseable.[46] Por otro lado, él dice que la ciencia del derecho, tal como las ciencias de la naturaleza, es objetiva, porque se aplica únicamente al estudio de objetos externos, de modo totalmente racional. Para la ciencia jurídica, las normas son los objetos del mundo externo (al ser humano) sobre los cuales esta ciencia puede construirse eficazmente. Pero lo justo o lo injusto no son nociones objetivas y externas al ser humano y no pueden formar parte de la ciencia del derecho.[47] Así, limpia de toda ideología relacionada con la justicia, la moral, o la política, la ciencia del derecho sólo contiene normas que entran en una lógica jerárquica nacional o internacional, de la cual emanan las reglas de funcionamiento piramidal de los sistemas jurídicos. En el sistema de KELSEN, todas las normas o reglas jurídicas, son sin excepción, dependientes de la existencia del criterio de territorialidad. Es por este motivo que el territorio es el punto central de toda la edificación teórica de KELSEN. Contrariamente a lo que ocurre en los sistemas jurídicos fundados sobre la búsqueda de soluciones justas; las nociones de espacio, de lugar, o de territorio desempeñan un papel primordial en el pensamiento de KELSEN. Si bien se repiten como temas principales en su obra, las fórmulas "dentro del espacio y del tiempo"[48] o también "en un lugar dado". El escribe, por ejemplo:

"El derecho y la moral son órdenes positivas sólo y en la medida en que sus normas fueron establecidas o creadas por actos cumplidos en el tiempo y en el espacio...".[49]
Para Hans KELSEN no puede existir una norma eficaz si

no está relacionada con la tierra, en la medida que:

"Cada norma debe determinar en que lugar y en que momento la conducta que prescribe debe realizarse, de tal modo que su validez tenga un carácter a la vez espacial y temporal. Cuando una norma es válida sólo en un sitio y en un tiempo específicos, se aplica sólo a los acontecimientos que ocurren durante este tiempo y en este sitio. Su vigencia espacial y temporal está limitada. Pero cuando una norma es válida, siempre y en todos sitios, se aplica a acontecimientos cualquiera sea el lugar y el tiempo en los que ocurran. Su vigencia es sin límites, pero eso no significa que estas normas sean independientes del espacio y del tiempo, porque los acontecimientos a los cuales se aplica la norma siempre ocurren en un lugar y en un tiempo determinados."[50]

Con el último capítulo de la obra de Hans KELSEN consagrado al derecho internacional, apreciamos la medida de la importancia del criterio de espacio o de territorialidad en la teoría positiva del derecho. De hecho, para Hans KELSEN, el Estado es derecho. En otras palabras, el Estado es un sistema de Normas,[51] cuya vigencia dentro de un territorio[52] determinado es el único criterio de su existencia.[53] Resulta de eso que para el positivismo jurídico, un sistema jurídico no puede existir y no puede ser internacionalmente reconocido, si no se aplica a un territorio especifico bien determinado, y a través de este territorio a las personas que residen en este territorio[54]. Para KELSEN, "un Estado es un orden jurídico",[55] y no es nada más que la personificación de un orden jurídico. Por consecuencia, en el derecho internacional, un Estado será reconocido como tal, sólo si el orden jurídico que personifica tiene eficacia sobre un territorio dado.[56] La manera en la que se constituyó este Estado no importa. Lo que importa es sólo la eficacia de un sistema jurídico sobre un territorio dado, es decir la eficacia de la coacción social organizada sobre un territorio dado. Con una lógica a veces sorprendente, KELSEN quita al Estado toda soberanía.[57] El piensa que la noción de soberanía sólo resulta de las ideologías y particularmente de una ideología primitiva que no tiene nada que ver con una ciencia jurídica pura.[58] KELSEN estima que con la evolución del derecho internacional llegará éste a ser más centralizado.[59] Tal centralización lo volverá menos primitivo. De todos modos, piensa KELSEN, no obstante las concepciones tradicionales del derecho internacional, cabe superar el concepto de soberanía de los Estados,[60] y considerar únicamente el concepto de eficacia territorial del Estado, considerado como un sistema de normas jerárquicamente organizadas.

29

KELSEN demuestra que cualquiera que sea el punto de vista o el sistema de referencia (a partir del Estado, o a partir del derecho internacional), la soberanía de un Estado nunca puede existir.[61] La lógica de KELSEN aparece muy simple. De hecho, basta entender que siendo un Estado un sistema de normas válidas sobre un territorio dado, un sistema de normas no puede tener ninguna soberanía. El rasgo esencial de un sistema de normas o de un estado (Para KELSEN eso es lo mismo) no es la soberanía, sino el hecho que se aplique eficazmente en el espacio y en el tiempo.[62]

En consecuencia, es obvio y claro que el enfoque positivo del derecho no se puede concebir sin el criterio territorial. Aunque desde hace un tiempo las ideas de KELSEN han sido combatidas,[63] hemos presentado el pensamiento de este autor sobre todo porque ilustra de modo casi caricaturesco la dependencia al territorio de todos los sistemas jurídicos vigentes. Basta quitarle el concepto de territorio para que se derrumbe la *Teoría pura del derecho*. El problema del criterio territorial es el motivo principal que conduce hoy en día a lo que los juristas internacionales llamaron la "crisis del principio de territorialidad" en el derecho internacional.

3: Los principios de una "crisis del territorio" en el derecho internacional contemporáneo

Contrariamente a Hans KELSEN, la mayoría de los autores de derecho internacional reconocen una soberanía a los Estados.[64] Por ejemplo, Maurice FLORY estima que:

"...la soberanía de un Estado está necesariamente limitada por la soberanía de los otros Estados, hecho que impone la igualdad en la soberanía".[65]

Sin embargo la opinión dominante del derecho internacional admite como KELSEN, la necesidad del enlace entre el Estado y el territorio. De hecho, unánimemente los autores admiten que el concepto de Estado no se puede concebir sin el concepto de territorio. Por ejemplo, podemos citar a Marcel MERLE quien escribió:

"Sin territorio, un pueblo puede reivindicar su identidad y una autoridad puede tratar de ejercer el poder; pero cuando estos dos elementos no concuerdan con el tercero (la ubicación territorial), no puede haber ni nacimiento ni reconocimiento del Estado y las prerrogativas que le atribuye el derecho internacional a esta entidad

31

especial."[66]

Podemos también mencionar a Maurice FLORY quien habla del conjunto Estado-territorio[67] y subraya la necesaria imbricación de los conceptos de Estado y de territorio.[68]

Confrontados al problema de lo "internacional sin territorio", algunos autores niegan la realidad de la "crisis del territorio".[69] Uno de ellos, MERLE no puede admitir la desaparición de un criterio jurídico tan fundamental del derecho internacional.[70]

A pesar de esto, los juristas y los gobiernos de numerosos Estados siempre tratan de aplicar a la red reglas, posturas y filosofías jurídicas que fueron concebidas para un mundo de territorios.

4: La inutilidad del criterio territorial en Internet

4.1: Internet supera el obstáculo del espacio

Si bien a fines de los años 1990, los economistas ya hablaban de la cibereconomía, se referían más a la economía de la información en general.[71] Esta incluía a las transacciones monetarias (convertidas en mundiales e inmateriales) a la televisión, la radio o la telefonía.[72] En esa época ya era realidad que algunos medios, tales como la televisión por satélite, volvían inútil el principio de territorialidad.[73] De hecho, un Estado ya no podía imponer una norma jurídica a una televisión ubicada sobre un territorio extranjero, pero que gracias a un satélite podía emitir sus programas sobre su propio territorio. Internet aumenta la ineficacia del criterio territorial. No son únicamente las compañías mundiales que disponen de medios técnicos sofisticados,[74] los simples individuos pueden también, con la red, ser algo más que receptores pasivos de informaciones. Los individuos pueden también crear y emitir mundialmente informaciones en la red, lo que antes de su existencia era principalmente reservado a actores más poderosos (Estados, organizaciones no gubernamentales, empresas multinacionales, y bancos). La red ha transformado a los individuos en actores de la escena internacional. Al disminuir considerablemente los gastos y el tiempo necesario para entrar en relación con muchos individuos ubicados en diversas partes del mundo, Internet permite a todas las personas emitir mundialmente sus informaciones y escapar de las limitaciones nacionales relacionadas con el territorio de su residencia. Con la red Internet, la gente ya no está totalmente encerrada en un territorio. Algunos podrían objetar que antes de Internet, las personas ya eran libres también de circular. Eso es verdad, pero la diferencia es que con Internet, una persona no necesita salir físicamente del "territorio" para escapar de ciertos límites y reglas estatales. Además tiene virtualmente y simultáneamente acceso a todos los otros "territorios" del planeta presentes en la red. Eso permite a los individuos saber lo que pasa en otros lugares, tener acceso a informaciones prohibidas en su país, comparar y seleccionar mejor. Con Internet, los individuos pueden escapar más fácilmente de la "cárcel territorial".

4.2: El desconcierto frente a la falta del criterio territorial

Internet desconcierta a los Estados y a los actores económicos que tratan de continuar actuando en la red como lo hacían en el mundo material. Al olvidar la dimensión inmaterial de la red, no se dan cuenta que el ciberespacio obedece a leyes que son muy diferentes de las del mundo material. Por eso acumulan grandes fracasos.[75] De querer regular Internet de modo más pragmático, es fundamental entender bien cómo funciona el mundo virtual de Internet y cuáles son sus diferencias con el mundo material.[76] ¿De hecho, cómo podríamos regular eficazmente un mundo que no conocemos?

En el capítulo siguiente, hablaremos del contraste principal entre el mundo tradicional y el mundo virtual de Internet. Este contraste está basado en las diversas fuentes de riquezas generadas en ambos mundos. El mundo jurídico tradicional está principalmente centrado en la riqueza material y el concepto de propiedad, mientras que en Internet, son la creatividad (por su esencia inmaterial) y las personas, las que juegan el principal papel en la creación de riquezas.

CAPÍTULO 2

Riqueza material y riqueza personal

Al haber sido estructurados a partir del concepto de territorio, los derechos positivos están marcados por la mayor importancia conferida a la riqueza material y al derecho de propiedad. Un profesor de derecho dinamarqués, criticó de la siguiente manera el gran interés jurídico por lo material:

"Las ideas de los economistas y de los pensadores jurídicos tales como las de las personas que se interesan en los conflictos sociales están entera y solamente centradas sobre los bienes tangibles externos, y sobre los valores económicos."[77]

Desde 1929, mucho antes la aparición de Internet, este autor había previsto que un cambio económico ocurriría en favor de la riqueza inmaterial, había escrito:

"... Los bienes, que hoy apenas están naciendo, que están en su primera fase de desarrollo, me parecen ser los que los hombres del futuro considerarán como de mayor valor."[78]

Según el autor, una explosión de riqueza económica debería resultar de la creatividad humana. Ya en ese entonces él escribió sobre los derechos relacionados con la creatividad personal, lo que sigue[79]:

"De modo general, apenas un cuarto de siglo atrás, todos estos derechos tenían poca importancia en la práctica. Pero en la época moderna, no sólo el largo trabajo legislativo cumplido poco a poco en este campo en numerosos países, sino también los archivos de las cortes, atestiguan la importancia crucial que estos derechos han adquirido en los asuntos concretos."[80]

A pesar de sus ideas avanzadas, el autor estaba demasiado impregnado por una tradición milenaria que da gran importancia al derecho de propiedad. Por eso el autor había propuesto extender a todas las riquezas inmateriales resultantes de la creatividad, el concepto de propiedad normalmente concebido para objetos tangibles.[81] A pesar de su análisis visionario de la evolución económica, no logró escapar de la influencia de un mundo tradicionalmente materialista. Se limitó al derecho de propiedad sin tratar de explorar mejor la categoría de los derechos personales[82]. Ahora bien, como lo veremos más adelante, el derecho personal es técnicamente mucho más adecuado que el derecho de propiedad para estimular la riqueza inmaterial. Por el contrario, el derecho de propiedad fue concebido para funcionar en el mundo de la materia y estimular su riqueza.

1: Un mundo tradicionalmente materialista

1.1: Lo material como principal valor económico

Los sistemas de derechos continentales deben mucho al derecho romano tardío, que se desarrolló en el contexto de una economía esencialmente agraria que daba prioridad a las cosas materiales necesarias para la agricultura.[83] Basta abrir, por ejemplo, el código Civil francés.[84] para ver inmediatamente que las reglas relativas a las personas son mucho menos numerosas que las relativas a los bienes y al derecho de propiedad. Aunque el derecho de los contractos forma parte del tercer libro, lo esencial del código está más centrado en la riqueza material que en la creada por la "personalidad". De los tres libros qué forman el código Civil, el primero, titulado "De las personas", tiene 508 artículos mientras que

el segundo, titulado: "De los bienes y de las diversas

modificaciones de la propiedad" y el tercero, titulado "De las diversas maneras de adquirir la propiedad" constan reunidos, de 1768 artículos y forman en consecuencia, lo esencial del código Civil francés[85]. Esto demuestra hasta que punto este código fue la herencia de una economía principalmente agrícola en donde la fuente principal de riqueza era la tierra, el bien por excelencia y todo lo que se necesitaba para hacerla fructificar. Entonces no es sorprendente que en un contexto tal, el inmueble fuera considerado como el "rey de los bienes"[86] y el derecho real de propiedad como el "rey de los derechos".

El derecho personal quedó muy mal comprendido y es ya tiempo de analizarlo eficazmente si queremos entender mejor la lógica de Internet. De hecho, la creatividad intelectual y la aptitud a comunicar que Internet implica ponen a la persona y al mundo inmaterial en el centro del sistema jurídico. Es eso lo que opone, fundamentalmente, al mundo jurídico tradicional con Internet.

En una economía principalmente relacionada con la explotación de la tierra parece normal que el derecho se ocupe principalmente de los inmuebles que constituyen los principales bienes de producción. Pero cuando la economía, cada vez más se aleja de la tierra para abrirse al comercio, a los servicios y a la creación de riquezas inmateriales (obras de arte, software, invenciones que pueden tener un valor mayor que los bienes inmobiliarios clásicos), tal actitud legal no es adecuada.

El interés del derecho por los inmuebles y los bienes materiales condujo a una confusión en los espíritus a nivel de la distinción entre derecho real (derecho sobre cosas materiales, por ejemplo derecho de propiedad) y derecho personal (derechos de las personas). Siguiendo la lógica jurídica, el derecho real siempre fue considerado superior al derecho personal. En una economía principalmente material, se piensa que las cosas tangibles producen más riqueza económica que las ideas de las personas. En consecuencia, en este contexto los derechos reales son más apreciados por los actores económicos que los derechos personales. De hecho, la dinámica especial de los derechos personales, que fueron inventados por los antiguos romanos, nunca fue bien entendida por los juristas modernos.[87] Para ellos, siempre fue un enigma el porqué de la creación de la categoría jurídica de los derechos personales. Enigma que elucidaremos más adelante.

1.2: El derecho real, tradicionalmente preferido al derecho personal

Antes de la aparición de Internet ya se había percibido la importancia económica creciente de los bienes informativos, que incluyen no sólo las obras literarias y artísticas, sino también las invenciones, y el software. La protección jurídica del software dio lugar a muchos debates para saber cómo debería ser protegido y cómo se podría definir el software en términos jurídicos. Fue considerado en el derecho francés como "bien informativo" y protegido por el derecho de autor en muchos países, aunque el derecho de las patentes parecía el más apropiado a esta técnica informática. El derecho de autor es un derecho de "propiedad intelectual". En realidad, la "propiedad intelectual" fue un nuevo tipo de propiedad creada ficticiamente por los juristas. En la categoría de los derechos de propiedad intelectual, se encuentran tradicionalmente, el derecho de propiedad literaria y artística (derecho de autor) y el derecho de las patentes. Pero en verdad, el trabajo artístico y las ideas creativas están más relacionadas con la categoría de los derechos personales porque no tienen nada que ver con la materia, y sí, mucho que ver con las relaciones entre las personas. Al estudiar la economía de Internet, algunos economistas concluyeron de modo muy pragmático,[88] que los derechos intelectuales no pueden ser derechos de propiedad. Lejos de este análisis objetivo, los juristas siempre siguen limitándose a las leyes escritas, sin observar la realidad.[89] En ésta es fácil darse cuenta de que estos derechos son en verdad derechos personales y no derechos de propiedad. Sin embargo, en muchos países, los códigos y las leyes de la propiedad intelectual[90] dicen lo contrario. El código francés plantea también que la propiedad literaria y artística es la más inviolable de las propiedades. En la medida en que el jurista positivo sólo está encargado de conocer y de aplicar las leyes, no puede preguntarse si lo que dicen los códigos se corresponde o no con la realidad. Esto resulta de la filosofía del derecho positivo de la cual hemos hablado en la exposición de la *Teoría Pura del Derecho* de Hans KELSEN. El problema de los economistas al reflexionar sobre el derecho es que no han entendido la lógica del trabajo jurídico en el mundo moderno. Normalmente los economistas observan la realidad económica, pero el trabajo de los juristas, según la filosofía jurídica dominante, no consiste en observar la realidad sino en conocer el derecho y en aplicarlo. La única realidad de los juristas es el derecho, aún cuando partes del derecho positivo nacional e internacional,[91] con el transcurso del tiempo, ya no concuerden en nada con la realidad. Considerar que los derechos de los autores o los de los inventores son derechos de propiedad, cuando en realidad son derechos personales no era grave antes. Pero hoy día es grave porque impide a los juristas y a los Estados una acción legal eficaz respecto a Internet. Internet, por su virtualidad da lugar a una explosión sin precedentes de la categoría de los derechos personales. Mientras el mundo tradicional es por excelencia un mundo de la materia y de los derechos de propiedad, Internet es el mundo de las personas y de los derechos personales. Por esto, si queremos ser eficientes en Internet, necesitamos estudiar de modo más realista y menos ideológico la categoría de los derechos personales.

2: La persona en el centro de la problemática jurídica de Internet

2.1: <u>La personalidad como motor económico en Internet</u>

Gracias a Internet, el ser (la persona) se está convirtiendo en una fuente cada vez más grande de riqueza económica.

A través de esta creación de riqueza la persona llama la atención de los operadores económicos y empieza a interesar a los que antes sólo lo hicieron por la riqueza material. Tal fenómeno debería contribuir a equilibrar nuestra civilización y quizás a un mejor entendimiento de las civilizaciones antiguas. Estas parecían tan interesadas por el mundo inmaterial que no necesitaron Internet para darse cuenta de su importancia.

A: ¿Qué es un mundo virtual?

Numerosas personas piensan que el mundo virtual de Internet es algo nuevo y que antes de Internet nunca existió. En realidad, siempre existió el mundo virtual y las civilizaciones antiguas como Roma,[92] Grecia o el Antiguo Egipto, lo conocían bien. Este mundo virtual es el de los pensamientos humanos, nuestra psique colectiva. Internet no es más que una nueva herramienta para volver perceptible a través de los ordenadores este mundo del pensamiento humano, que siempre existió. Es con la palabra que se manifestaba antes el mundo virtual del pensamiento humano. Después se utilizaron otros medios como el dibujo, los jeroglíficos, y las diversas formas de escrituras. La imprenta, los soportes audiovisuales, y ahora Internet permitieron acelerar la circulación de las ideas y contribuyeron al desarrollo de las personas y de la civilización. El libro material permitió a las ideas circular mejor. Internet lo supera de lejos porque hace recuperar al pensamiento humano casi toda su virtualidad y la libertad de circulación que se relaciona con el mundo virtual, con todas sus ventajas, a saber: fácil transformación, ubicuidad, multiplicación sin límites y sin gastos, abundancia. Al liberar la creatividad y el pensamiento humanos de los soportes materiales tradicionales, Internet multiplica la oportunidad de intercambios entre las personas. A través de la red Internet, la persona puede manifestar más fácilmente su inteligencia creadora, su personalidad, sus gustos, de un modo que nunca fue tan libre y tan fácil como hoy en día. Muchos obstáculos relacionados con el mundo material desaparecieron con Internet para dar lugar a una libertad sin precedentes. Una persona se puede comunicar con otras, en un mismo lugar o de un lado al otro del planeta. Aquí no existen los obstáculos en la comunicación relacionados con el mundo material, tal como la ubicación del cuerpo de los comunicantes en el espacio y en el tiempo. Los enlaces que las personas crean a través de este medio son más que nunca *obligaciones* en el sentido del derecho romano arcaico: es decir vínculos jurídicos o no, por naturaleza invisibles.[93] Los enlaces entre las personas, por naturaleza inmateriales están llamados a una multiplicación y a una globalización sin precedentes. Entonces los sistemas jurídicos esencialmente concebidos para el mundo material y los derechos reales, deben adaptarse. Todos los derechos relacionados con la creatividad personal se desarrollan en Internet. Basta observar que con ella, el número de personas interesadas por el derecho de autor se ha multiplicado. Antes, esta rama del derecho interesaba a pocas personas. Hoy, todos los cibernautas deben conocer un mínimo de este derecho, porque de un lado cada cibernauta es un autor potencial en Internet y por otro lado cada cibernauta debe respetar los derechos de los otros autores. Además, el mercado de la comunicación es considerado hoy como el más lucrativo, hasta el punto que algunas empresas han dejado el sector industrial para invertir en este sector de la riqueza personal que les parece

47

económicamente más interesante.[94] Es a la mente humana y no al cuerpo que se dedican estas fenomenales empresas de creación y circulación de datos. La economía de la riqueza inmaterial está creciendo y ganando cada vez más terreno en relación a la economía de la riqueza material. Por su inmaterialidad y su carácter personal, la riqueza creada en Internet necesita la aplicación de la categoría de los derechos personales. A la vez, cuanto más crezca la riqueza inmaterial, más va a desarrollarse la categoría de los derechos personales.

B: El desarrollo de la categoría de los derechos personales

A fines del siglo veinte hemos entrado en lo que los economistas llamaron la "sociedad de la información". Esta sociedad se caracteriza por un incremento sin precedentes del valor comercial de lo inmaterial y del comercio de los bienes inmateriales.[95] Basta observar que: "El volumen de las operaciones de cambio es cincuenta veces más importante que el volumen del comercio mundial de bienes y servicios",[96] para darse cuenta de que la dinámica de la economía de lo inmaterial no se puede comparar con la dinámica de la de las sociedades agrícolas en las que crecieron nuestros sistemas jurídicos, se formaron nuestras organizaciones sociales y nuestras mentalidades y filosofías. El avance técnico, además del uso de una lengua internacional común, permite una circulación mundial más veloz y más barata de la información. Esta circulación más rápida induce al incremento del valor económico de la información. Utilizada en el mundo entero gracias a Internet u otros medios, una película por ejemplo, puede hacer ganar mucho dinero a sus creadores y actores. Los "ricos" de Internet no son los que fabrican el hardware, sino los que fabrican el software que se utiliza en cada parte del planeta, o que crean sitios que visitan numerosas personas del mundo entero.[97] Lo inmaterial, es decir la creatividad humana que toma la forma de películas, software, juegos, libros, imágenes, invenciones, etcétera, se ha vuelto una fuente cada vez más grande de riqueza económica, hasta el punto que grandes empresas dejan el sector de la industria para invertir en la economía de la comunicación (telefonía, Internet, por ejemplo) que les parece más lucrativa. A pesar de que el desarrollo de la economía de lo inmaterial dependa estrechamente de los medios técnicos que aceleran la circulación de información y disminuyan considerablemente su costo, es sin embargo la creatividad la que permite atraer más grandes ganancias. De hecho, podemos decir que aún si lo material y lo inmaterial se fusionaran, la creatividad se desmaterializa cada vez más y al hacerlo, se libera a la vez de los límites del espacio, del tiempo y de la materia, circulando así mucho más rápidamente. En Internet, la persona desempeña el mayor papel en la creación de riquezas económicas y por eso es importante comprender mejor la noción jurídica de persona y el funcionamiento de la categoría de los derechos personales.

2.2: la filosofía del derecho y la persona

Nuestra palabra "persona" viene de la misma palabra latina *persona* que significaba "máscara",[98] según la mayoría de los autores.[99] Estos, sin embargo, no se ponen de acuerdo en cuanto al hecho de que *persona* signifique o no: "máscara a través de la que se resuena" (per/sonare).[100]

Al profundizar el antiguo derecho romano y la distinción que realiza entre *actio in rem* y *actio in personam*, se ve que la persona no era simplemente una máscara, sino era "una máscara a través de la que se resuena" (per/sonare).[101] En el derecho romano arcaico, la *persona* no se limitaba a una simple máscara desempeñando un papel jurídico. En otras palabras, la palabra *persona* no significa sólo la "máscara", sino sobre todo la "máscara a través de la que se resuena (per/sonare)". Tal visión del concepto de *persona* permite entender que detrás de la máscara, los antiguos sabían que está el hombre, quien con su alma y su vida anima la máscara. Esto cambia toda la perspectiva del enfoque jurídico del concepto de *persona*. De hecho, a través de tal entendimiento del concepto latino de *persona* se puede deducir: que es a través de su cuerpo que la persona resuena, y que es a través de su cuerpo que el mundo externo tiene influencia sobre la persona, quien a su vez influye al mundo externo a través de su cuerpo. En otras palabras, el cuerpo físico entero es "la máscara" y una persona siendo ambos, lo físico y lo inmaterial, actúa como un puente natural entre lo visible y lo intangible. Una persona es como un "lugar" en el que se compenetran estos dos ordenes de realidad. El etnólogo Claude LEVI-STRAUSS estudió el uso de las máscaras en las tribus norteamericanas y sudamericanas, y escribió que las máscaras eran sobre todo medios de manifestación de poderes (por ejemplo de poderes de curar),[102] y medios de comunicación con los espíritus de

51

los antepasados.[103] En su campo, él demuestra también que la "máscara" es un intermediario. Según Claude LEVI-STRAUSS la máscara como objeto no tiene ningún valor, su único valor es espiritual: la máscara es el medio mágico[104] por excelencia de comunicación entre el mundo visible y el mundo invisible. En el antiguo Egipto, que es cada vez más reconocido como la cuna del mundo grecorromano, esta función de "máscara a través de la que se resuena (per/sonare)" se atestigua con muchas prácticas. Por ejemplo algunas tales como la utilización de estatuas como intermediarios entre el mundo divino y el mundo humano, o la momificación del cuerpo de los muertos a fin de que puedan utilizar la momia (y su máscara) para entrar en contacto con el mundo de los vivos. Los antiguos egipcios utilizaban las estatuas, y el cuerpo humano momificado como "máscaras" para manifestar la vida.[105] Los dioses, que los egipcios consideraban como puntos donde surge la energía cósmica, podían manifestar esta energía a través de las estatuas.[106] El ser humano lejos de limitarse a una "máscara", es decir a su cuerpo físico, es un ser lleno de una vida que actúa a través de su "máscara", es decir de su cuerpo.

En el título siguiente, veremos a través las teorías de la distinción entre los derechos reales y los derechos personales que el mundo jurídico moderno no siempre ha prestado bastante atención a las personas. (capítulo 1). A menudo el derecho ha ignorado esta realidad concreta. En un segundo capítulo, veremos cómo los antiguos romanos habían sacado provecho del concepto de compenetración de lo material y de lo inmaterial dentro de las personas.

Después aplicaremos a Internet el conocimiento jurídico que los antiguos romanos tenían del mundo virtual.

SEGUNDA PARTE

La acción jurídica sobre el mundo virtual, el ejemplo del antiguo derecho romano

En la primera parte, hemos visto cómo el mundo jurídico tradicional estaba centrado en el reparto de la riqueza material y en la protección de los bienes materiales. Mientras que hemos subrayado que la riqueza en el mundo virtual de Internet se origina en el pensamiento humano y no en la materia. Es una riqueza inmaterial que sin embargo, produce efectos en el mundo material. Por eso, numerosos autores dicen que las leyes vigentes pueden aplicarse directamente a Internet, sin necesitar cambios. Según ellos, el mundo virtual no existe, porque en definitiva Internet se refiere siempre a personas reales y produce efectos en el mundo real.[107] El problema es que cuando tratan de aplicar a Internet las reglas del derecho positivo, concebidas para un mundo material con fronteras bien determinadas y territorios en los que los Estados pueden actuar con la coacción jurídica, se dan cuenta de que, en la práctica, el derecho positivo no es adecuado para Internet. Sin embargo, estos juristas no se equivocan totalmente, lo que pasa es que no han observado bastante bien lo que quieren regular. Por ejemplo, no se han dado cuenta de que el mundo material y el mundo virtual no están disociados, y que eso es muy importante para el derecho. No se encuentra nada sobre este tema de la compenetración de lo tangible y de lo intangible en los derechos positivos modernos. Además, la filosofía positiva impide pensar fuera del derecho vigente. De tal modo que nuestros sistemas no pueden ayudarnos con Internet. Por eso, propongo utilizar el antiguo derecho romano que en su fundamento toma en cuenta el hecho que el mundo virtual y el mundo material están relacionados. Los antiguos romanos habían sacado partido de las leyes de la naturaleza, para elaborar un sistema jurídico que demostró su eficacia, y que todavía hoy se puede utilizar con provecho para Internet. Respecto al derecho romano arcaico, como para todo lo que se origina en las civilizaciones antiguas,[108] sólo tenemos un conocimiento parcial y a veces muy distorsionado, porque las mentes modernas no siempre entienden estos mundos.

No vivimos en el mismo universo mental en el cual nació el antiguo derecho romano. Al pensar de un modo racional y al considerar sólo el aspecto material del mundo, (lo que era todo lo contrario del modo de pensarlo y verlo de las civilizaciones "primitivas"), no es sorprendente que a los juristas modernos les parezcan enigmáticos muchos puntos del derecho romano. Con respecto a lo que nos interesa ahora, (a saber: cómo actuar eficazmente sobre el mundo virtual), el derecho romano "primitivo" tenía una repuesta. Esta llegó hasta el mundo moderno distorsionada y mal entendida. De la ley de compenetración y de interacción entre la materia y lo inmaterial,[109] queda hoy en el derecho moderno,[110] una distinción entre derechos reales y derechos personales. La distinción jurídica moderna entre derechos reales y derechos personales se origina en el antiguo derecho romano. De hecho, los antiguos romanos distinguieron en el proceso jurídico, entre *actio in rem* y *actio in personam*. La versión moderna de derecho real y derecho personal se debe a la falta de traducción, que impidió a los juristas modernos entender porqué los antiguos romanos inventaron esta distinción jurídica fundamental. A pesar de la gran cantidad de doctrinas y de la calidad de los autores que se interesaron en este asunto,[111] nunca fue posible saber porqué los antiguos romanos hicieron esta distinción. En el transcurso de la historia del derecho esta cuestión fue muy debatida, pero de estos debates hoy en día sólo queda muy poco. Al llegar a la facultad de derecho, los estudiantes aprenden en la primera clase de derecho civil que en esta disciplina existe una distinción fundamental: aquella entre derechos reales y derechos personales. Esta, dicen los profesores, es debida al carácter absoluto del derecho real, mientras el derecho personal, es un derecho sólo relativo.[112] Al no poder dar explicaciones sobre el motivo de la distinción romana, después de mucho trabajo sobre este asunto, hay ciertos autores que han propuesto suprimir este vestigio antiguo del derecho romano. La doctrina jurídica tomó este camino, y un autor[113] después de observar que:

"La teoría de la distinción entre derechos reales y derechos de las obligaciones (derechos *in rem* y derechos *in personam*) constituye uno de los capítulos más extraordinarios de la historia del error humano."[114]

propone abandonar la investigación doctrinal de esta cuestión y observa:

"Estos últimos años, la teoría de la distinción entre derechos reales y derechos de las obligaciones dio lugar a debates para saber si la distinción entre estos dos tipos de derechos debe ser buscada en el contenido del derecho... o en la protección real, o en ambos. Pero no fue posible llegar a un acuerdo, nisiquiera clarificar este asunto. Y no vemos qué resultado puede lograrse, en la medida en que esta cuestión es completamente fútil. Es un inútil despilfarro de una energía que deberíamos utilizar mejor."[115]

Hans KELSEN[116] critica la existencia hasta el día de hoy, de la distinción entre derechos reales y derechos personales:

"Esta distinción que desempeña un papel importante en la teoría del derecho civil, tiene también un carácter ideológico muy fuerte. Esta distinción se mantiene a pesar de la objeción muchas veces repetida que la dominación jurídica de una persona sobre una cosa consiste únicamente en una relación entre un sujeto y otros sujetos..."[117]

René DEMOGUE[118] concluye también que la distinción científica entre derechos reales y derechos personales es inútil, y que sólo es un modo cómodo para explicar mejor el derecho a los estudiantes noveles.[119]

La doctrina moderna ya no se preocupa por este asunto y

se va repitiendo la fórmula de Marcel PLANIOL a la cual se adjuntan nuevas categorías de derechos, cuando los juristas no saben cómo clasificar jurídicamente nuevos objetos.[120] Estamos de acuerdo en cuanto a la inutilidad de las doctrinas de la distinción de los derechos, pero no con la de la distinción romana porque al entenderla, podemos sacar provecho de ella para Internet. De hecho, la doctrina siempre se ocupó de entender la distinción moderna contenida en el derecho positivo, ya que, como lo escribió Marcel PLANIOL, fue un error de traducción.[121] La noción misma de derecho real no existía en la Roma antigua. El concepto de "derecho" es un concepto moderno, como lo ha demostrado Michel VILLEY.[122] La verdadera distinción a propósito de la cual hubiera sido necesario pensar, era la más antigua del derecho romano, entre *actio in rem* y *actio in personam*. Esta distinción se originaba en los imperativos del procedimiento jurídico.[123] Al considerarla en su contexto histórico, es mucho más fácil entender porque fue inventada. Por otro lado, es mucho más lógico pensar a partir del derecho romano arcaico, en vez de pensar a partir de la traducción errónea que existe en los sistemas jurídicos contemporáneos. Del mismo modo, la doctrina sobre el derecho romano no es muy útil al respecto, porque fue muy distorsionada por la filosofía de los historiadores modernos.[124] Hasta tal punto que un autor escribió:

"Para recuperar el lenguaje auténtico del antiguo derecho romano, es precaución indispensable, no abrir los libros contemporáneos que tratan sobre él...."[125]

Sin profundizar las numerosas teorías de la distinción de los derechos que fueron inventadas en el transcurso de la historia jurídica, vamos a presentar en un primer capítulo los pobres resultados logrados en este tema por el modo de pensar positivo. En un segundo capítulo, vamos a proponer una solución mucho más innovadora y sobre todo, más útil. En el tercer capítulo, intentaremos la práctica de esta nueva solución. Por último, en el cuarto, aplicaremos a Internet el conocimiento romano así descubierto.

CAPÍTULO 1

La distinción de origen romano entre derechos reales y derechos personales

1: La teoría clásica

Según esta teoría, que se inspira directamente de los escritos de POTHIER,[126] la distinción entre derechos reales y derechos personales se basa en el objeto de los derechos. El derecho real se refiere a las cosas, e implica un enlace directo entre una persona y una cosa; mientras que el derecho personal se refiere a las personas.[127] Esta teoría fue criticada especialmente por Marcel PLANIOL,[128] que a su vez, contribuyó a la propagación de la teoría personalista de la distinción de los derechos reales y personales.

2: La teoría personalista

A Marcel PLANIOL, no le convencía la teoría clásica porque según él: no se puede tener un derecho sobre una cosa, porque un derecho siempre supone relaciones entre personas. Observa que en la práctica, el derecho de propiedad por ejemplo, no se puede concebir como una relación directa entre una persona y una cosa. Tal relación, plantea Marcel PLANIOL, es una relación de hecho. La conocemos muy bien y la llamamos la "posesión". En consecuencia, el autor piensa que la distinción entre los derechos personales y los derechos reales no se puede situar al nivel de los objetos de los derechos porque todos ellos suponen relaciones entre personas. Todos son en esencia, de obligación (personal). La diferencia se halla en el número de personas que entran en relación. La siguiente idea de Marcel PLANIOL tuvo mucho éxito: lo que distingue los derechos es el hecho que el derecho real es un derecho absoluto, es decir que se puede oponer a todos, mientras que el personal es un derecho relativo, es decir que se puede aplicar sólo a algunas personas. A pesar de que la teoría de Marcel PLANIOL fue superada y abandonada por una doctrina posterior, especialmente por la de René DEMOGUE, la mayoría de los libros modernos de iniciación al derecho enseñan la teoría de Marcel PLANIOL. Sin embargo, René DEMOGUE había demostrado que la distinción basada en el carácter absoluto o relativo de los derechos no se podía verificar en la práctica. Su conclusión era que en la práctica, no se puede distinguir entre derechos absolutos y derechos relativos, porque todo derecho puede ser ambas cosas, absoluto y relativo. Según el autor, todos los derechos son derechos de las obligaciones (personales) menos o más fuertes.[129]

Contraria a esta doctrina personalista, se desarrolló otra "realista" en la cual se pensaba que todos los derechos son derechos reales.

3: La teoría realista

Los seguidores[130] de esta doctrina ven todos los derechos con "las lentes" de la categoría de los derechos reales. Un autor utilizó la distinción personalista entre derecho absoluto y derecho relativo para probar de modo lógico que, de hecho, todos son derechos reales. Para demostrar que todos son reales, Frederik Vinding KRUSE utilizó la manera corriente en la que se considera se estructura un derecho subjetivo. Esta estructura fue muy bien presentada por Edmond Picard,[131] de quien nos hemos inspirado para los dibujos que siguen.[132] Según la opinión jurídica corriente, todo derecho subjetivo supone un sujeto, un objeto y un contenido. Edmond Picard esquematizó un derecho subjetivo de la siguiente manera:

Esquema de un derecho subjetivo según Edmond PICARD (n°1):

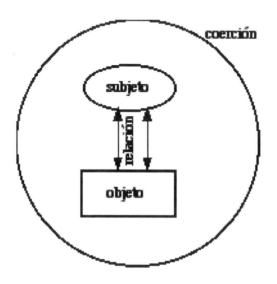

Al analizar el derecho de propiedad de modo muy abstracto, Frederik Vinding KRUSE,[133] considera que un derecho siempre implica la existencia de un sujeto, de un objeto, y de un contenido. El contenido del derecho de propiedad es el hecho de poder usar, abusar y gozar de una cosa. Es un conjunto de prerrogativas.[134]

Esquema de la estructura de un derecho de propiedad (n°2):

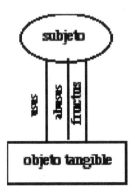

El autor verifica que los derechos que se aplican a objetos inmateriales (tales como ideas innovadoras, obras literarias y artísticas) tienen el mismo contenido que los derechos que se aplican a las cosas materiales. Aunque los objetos del derecho sean materiales o no, los poderes sobre ellos son iguales. En otras palabras sólo los objetos del derecho cambian pero no las prerrogativas.[135] En consecuencia, el autor deduce que se debe superar la idea tradicional según la cual el derecho de propiedad se aplica sólo a cosas materiales. El piensa que debemos extender el derecho de propiedad a lo intangible y sobre todo, a todos los bienes inmateriales, frutos de la creatividad de las personas.

67

El derecho, como lo ve el autor se puede entonces esquematizar como sigue (n°3):

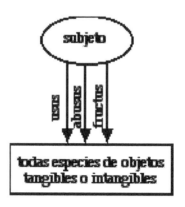

Según el autor, no se necesita distinguir entre derecho real y derecho personal, ya que todos los derechos son derechos reales.

Es inútil subrayar hasta que punto tal visión está en acuerdo con el derecho positivo centrado en el derecho de propiedad y en el reparto de lo material, en detrimento de los derechos personales. En el mismo tenor que esta teoría, existe la de la propiedad incorpórea que fue elaborada también a partir del análisis de la estructura del derecho subjetivo de propiedad.[136] Es a partir del análisis de la estructura de un derecho subjetivo que nacieron las teorías muy abstractas de la propiedad incorpórea, de los derechos intelectuales,[137] de los derechos sobre los bienes inmateriales,[138] y también de los derechos de clientela.[139]

La extensa doctrina de la distinción de los derechos reales y personales se parece a los resultados obtenidos de una computadora que hubiera explorado todas las combinaciones posibles gracias al análisis abstracto de la estructura de un derecho. Por eso no es sorprendente que se encuentren poca creatividad y nada de pragmatismo en estas doctrinas. Los especialistas nunca lograron el entendimiento de lo que fue inventado por los romanos por motivos pragmáticos y teniendo en cuenta la observación de fenómenos naturales. Hoy nadie en Francia se preocupa por la antigua distinción romana, y está cayendo en el olvido. Sin embargo los antiguos romanos por su conocimiento del funcionamiento del mundo virtual pueden ayudar al mundo moderno que recién empieza a descubrir de nuevo al mundo virtual, desde un punto de vista jurídico. El modo en el cual los antiguos romanos utilizaron su conocimiento del mundo virtual en el ámbito jurídico es hoy en día de gran actualidad. Este conocimiento se puede encontrar a través de la comprensión de los motivos de la distinción romana entre *actio in rem* y *actio in personam*.

Para entender esta distinción no debemos pensar a partir del concepto de derecho subjetivo que es un concepto moderno y abstracto. El concepto de derecho subjetivo, que los autores dividen en: sujeto, contenido, objeto, es una abstracción que no podía existir en el espíritu de los antiguos romanos. Los romanos observaban la naturaleza y "vivían" en un mundo concreto:[140]

"Los juristas romanos no elaboraban sistemas de ideas; describían realidades."[141]

Cabe abandonar el concepto de derecho, totalmente fuera de lugar en el contexto del derecho romano arcaico. Otra cosa que es necesaria para entender a los antiguos romanos y aprovechar su conocimiento del mundo virtual, es no pensar a partir de nuestros conceptos jurídicos modernos. La noción de derecho subjetivo real o personal supone la existencia de un sistema jurídico racional, compuesto de normas lógicamente organizadas. Lo que no existía en los principios del derecho romano. Los primeros juristas no podían ser juristas positivos porque no tenían leyes positivas a su disposición. A falta de leyes, su único recurso consistía en observar el mundo para tratar de entender cómo funciona y tratar de equilibrarlo mediante la justicia. En vez de vivir como los juristas modernos del "derecho puro" en un mundo de normas jurídicas, de clasificaciones a veces inútiles, y de definiciones abstractas, los primeros juristas estaban obligados a enfrentarse con la realidad del mundo físico, de ser creadores y de interesarse en la justicia.

CAPÍTULO 2

Los motivos prácticos de la distinción romana entre *actio in rem* y *actio in personam*

Con un poco de imaginación y mucho pragmatismo debe ser posible reconstruir los primeros pasos jurídicos que llevaron a cabo los romanos. Imaginémonos que estamos en la Roma antigua y que tenemos que inventar el derecho. Puesto que el derecho sirve para organizar mejor la vida social de los hombres, es obvio que para elaborar una buena organización social se debe, en primer lugar, observar lo que pasa, es decir cómo acontece la vida real y observar el mundo concreto. Al observar el mundo, podemos ver que en la categoría de los elementos concretos que podemos tocar directamente, están las cosas y las personas. Sin embargo existe también todo un mundo invisible, inmaterial, que podemos sólo percibir con el espíritu y no con los sentidos. Este es el mundo abstracto o inmaterial de las cosas intangibles.[142] Como ejemplos de estas cosas inmateriales que son importantes para el derecho, podemos citar las promesas, los contractos y de un modo general, todos los acuerdos jurídicos. Entre estas cosas inmateriales, encontramos también las ideas, las palabras, la energía, la alegría y todos los sentimientos, y también el espíritu humano.

Todo eso lo podemos esquematizar de este modo (n°4):

Pero este primer esquema no es del todo exacto puesto que se puede observar que el ser humano con su cuerpo y con su mente pertenece a los dos mundos. En otras palabras el ser humano es a la vez material e inmaterial, lo que se puede esquematizar como sigue (esquema n° 5):

74

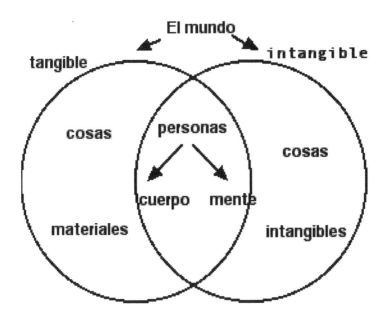

En consecuencia, cada persona actúa naturalmente como un puente entre el mundo material y el mundo invisible. Eso lo dijeron también filósofos tales como Sören KIERKEGAARD o Emmanuel KANT.[143] Para Sören KIERKEGAARD: "El hombre es una síntesis de lo finito y lo infinito."[144] Emmanuel KANT expresaba la misma idea a través de su concepto de derecho personal de naturaleza real.[145]

Las relaciones entre las personas están en el centro del derecho y es obvio que para los primeros juristas era la vida de las personas lo que más importaba. Al mirar cómo viven las personas, se puede observar que ellas pueden cumplir ciertos tipos de acciones en el mundo real. Ellas pueden actuar materialmente y concretamente sobre el mundo material y sobre las personas, ese es su poder. En cuanto al mundo inmaterial, a primera vista, parece imposible que las personas tengan el poder de actuar sobre lo invisible. Pero al observar las acciones de las personas, es fácil ver que cada una, tiene un cuerpo que es su herramienta natural de acción sobre lo invisible. De hecho, como una persona es un puente entre el mundo concreto y el inmaterial; para actuar sobre este último, basta actuar sobre las personas. Por ejemplo, para hacer cumplir una promesa, las personas no pueden actuar directamente sobre la promesa porque es inmaterial. No pueden tocarla, pero se puede actuar física o psíquicamente (amenazándolas por ejemplo) sobre las personas para que cumplan su promesa. En resumen, las personas pueden cumplir directamente dos tipos de acciones: actuar sobre las cosas concretas, y actuar sobre las personas.

A fin de lograr una cierta cohesión social, el derecho debe organizar las acciones que los hombres pueden cumplir:

sus poderes. Con este propósito, el "juez" debe decir, en caso de conflicto entre las personas, cuál es el poder de cada una de ellas sobre las cosas y sobre las personas. La distinción entre *actio in rem* y *actio in personam* se explica entonces muy simplemente: la *actio in rem* era el procedimiento utilizado por las personas al inquirir al juez cuál era su poder para actuar sobre el mundo concreto. Mientras que la *actio in personam* era el procedimiento utilizado para determinar cuál era el poder que tenían para actuar sobre las personas, con el fin de alcanzar a través de ellas, el mundo inmaterial. Así llegamos al esquema siguiente (n°6):

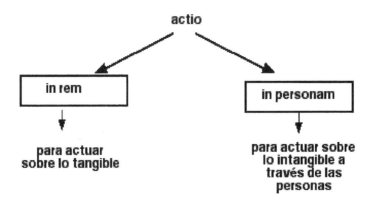

Podemos acabar con la representación esquemática de los poderes humanos 1) fuera del derecho; 2) durante el proceso dirigido por un juez (quien al principio era un pontífice)[146].

Esquema de los poderes humanos fuera del derecho (n° 7):

Los poderes humanos organizados por el antiguo derecho romano (esquema n° 8):

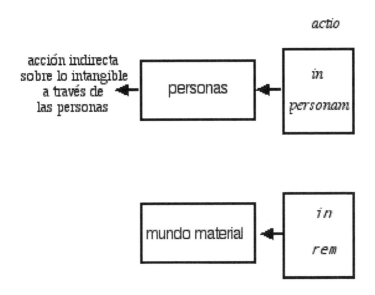

Cuando las personas utilizan el procedimiento legal de la *actio in rem*, el juez les dice cuál es su poder sobre las cosas del mundo concreto. Cuando las personas utilizan el procedimiento legal de la *actio in personam*, el juez les indica cuál es su poder sobre las personas a fin de actuar indirectamente sobre lo inmaterial.

En resumen, podemos decir que la distinción romana entre *actio in rem* y *actio in personam* nació de la observación del mundo natural tangible e intangible. Originado en la naturaleza y no en un derecho efímero, esta distinción es siempre válida. Al considerar la antigua distinción romana en su contexto, se puede encontrar fácilmente la solución del enigma de "la distinción moderna entre derechos reales y derechos personales". La distinción moderna viene de la distinción romana entre *actio in rem* e *actio in personam*. Esta distinción estaba fundada sobre el hecho de que no se puede actuar del mismo modo sobre el mundo material que sobre el inmaterial.

Es obvio que los antiguos romanos pudieron inventar la distinción entre *actio in rem* y *actio in personam* porque estaban mucho más abiertos que nosotros a las posibilidades del mundo intangible. Los antiguos romanos habían visto que no podemos actuar del mismo modo sobre el mundo material que sobre el intangible. Para hacerlo sobre el mundo real, actuaban como nosotros, directamente sobre las cosas. Mientras que para actuar sobre el mundo inmaterial, tenían más pragmatismo que nosotros. Habían entendido que en el mundo terrenal sólo podemos actuar sobre el mundo virtual utilizando un medio físico y al ser el cuerpo humano un puente entre lo visible y lo invisible, bastaba accionar sobre el cuerpo de las personas para alcanzar el mundo invisible. Lo que se tradujo en el ámbito jurídico por el procedimiento de la *actio in personam*, que significa claramente que consiste en actuar "en" las personas, y no sólo sobre su cuerpo.

Entonces podemos ver hasta que punto la distinción entre la dimensión material y la dimensión inmaterial del mundo tiene su utilidad en el marco jurídico, en el cual siempre se han planteado muchas cuestiones relacionadas con el mundo intangible. Basta pensar en el vocabulario jurídico latino, por ejemplo en palabras tales como *ligare* (enlazar), o *deligare* (desligar), para entender hasta que punto el aspecto intangible de la existencia humana importaba a las civilizaciones antiguas, que estaban conscientes de los enlaces intangibles, jurídicos o no, entre las personas.[147] Hoy en día, para actuar legalmente sobre lo inmaterial siempre hacemos como los antiguos romanos: actuamos sobre las personas. Así cuando alguien "roba" una invención, la víctima nunca pide que el juez le devuelva su invención, sino que más bien pide al juez que ordene que otras personas dejen de explotar su invento.

Esa es una acción jurídica sobre las personas. Por otro lado, a pesar de la noción moderna de propiedad incorpórea, el derecho penal no puede admitir el robo de lo inmaterial en la medida en que el robo siempre implica la utilización física de la cosa robada y en tanto y en cuanto la acción de la víctima se orienta a la recuperación material de dicha cosa. Ahora bien, en el mundo inmaterial es imposible devolver una idea que alguien ha robado, de todos modos no serviría de nada. Eso lo ha comprendido bien el derecho de la propiedad industrial. Este derecho nunca habla del "robo de las invenciones".[148] Ha previsto una acción jurídica que sanciona únicamente la utilización que afecte el monopolio de patentado con una acción ejercida por falsificación contra personas y no contra las ideas inventivas.

CAPÍTULO 3

Verificaciones

1: A través del pragmatismo de los antiguos romanos

Los antiguos romanos son considerados por los más famosos romanistas[149] y por los historiadores como Pierre GRIMAL,[150] personas muy pragmáticas. El autor Samuel GINOSSAR hablaba del "instinto jurídico" de los romanos.[151] Michel VILLEY ha demostrado con numerosos ejemplos que los romanos observaban la naturaleza de las cosas.[152] Es decir:

"...todo lo que existe en nuestro mundo: no sólo los objetos físicos, materiales..., sino también la totalidad del hombre, tanto su espíritu como su cuerpo...".[153]

El plantea también, en un artículo sobre el razonamiento jurídico, que el modo de actuar de los romanos era totalmente diferente del nuestro.[154] Ellos, eran muy pragmáticos, no habían elaborado un sistema jurídico abstracto. Por ejemplo, con su manera de concebir el derecho, nunca hubieran podido dar a alguien el poder para actuar directamente sobre lo inmaterial,[155] en la medida en que esto es materialmente imposible. Si los antiguos romanos nos escucharan hablar de propiedad intelectual o de propiedad inmaterial (como se hace hoy día en el derecho de las patentes y en el derecho de autor), es decir, del poder directo sobre lo invisible, nos tomarían probablemente por primitivos, pero más seguramente por gente insensata.

En sus escritos, Michel VILLEY, da muchos ejemplos del papel desempeñado por la naturaleza en el derecho romano y demuestra que todo lo que era naturalmente imposible, era siempre legalmente imposible. Por ejemplo un contrato naturalmente imposible no podía tener ningún efecto jurídico, no era legalmente válido. Entre los autores que escribieron sobre la distinción entre los derechos reales y los derechos personales, se encuentran particularmente dos autores que adoptaron de modo instintivo la actitud de los antiguos romanos. CATALA,[156] por ejemplo, escribió que: "el patrimonio... se compone de persona y de materia". ABERKANE escribió:[157]

"Según que el poder trate de una cosa o se refiera a una persona, decimos que hay un derecho real o un derecho personal. Por último, los poderes siempre se refieren o a una cosa o a una persona, y no podemos imaginar otro elemento al que se podría referir un poder. "

El autor concluye en consecuencia que "lógicamente todos los derechos deben necesariamente ser clasificados... en derecho real y en derecho personal". A través del origen egipcio del antiguo derecho romano, se puede también verificar la exactitud de nuestro análisis de la antigua distinción romana.

2: Los orígenes egipcios del antiguo derecho romano

Cuando en Europa renació el interés académico por el estudio del antiguo derecho romano, nadie había aún descifrado los jeroglíficos egipcios. Cuando Jean-François CHAMPOLLION[158] los decodificó y nos abrió la puerta del pensamiento y de la cultura egipcios, la enseñanza del derecho romano ya estaba bien establecida y no se preocupaba por los orígenes egipcios del derecho romano. Sin embargo, cada vez más egiptólogos plantean que hay una relación obvia entre el mundo grecorromano[159] y el Egipto antiguo. Se pueden encontrar muy pocos historiadores del derecho que tomen en cuenta la egiptología para entender mejor el derecho romano y que relacionen sus orígenes, mucho más antiguos que los de Roma. Los romanistas generalmente no se interesan por el Egipto antiguo, y los egiptólogos aún menos por el antiguo derecho romano. Sin embargo, los conocimientos del antiguo derecho romano podrían ser muy útiles a los egiptólogos para entender mejor algunos aspectos de la civilización egipcia antigua. A pesar de que ya en el año 1912, el jurista Eugène REVILLOUT escribió su libro sobre los *orígenes egipcios del derecho romano*[160] en donde subrayaba las relaciones entre el derecho romano tardío y el antiguo Egipto, el mundo jurídico ignoró este asunto y este libro tan interesante, quedó desconocido. Esa obra se limita sin embargo al estudio de conceptos del derecho civil, que estaban ya bien estructurados y desarrollados y no se preocupa de la filosofía en la que se había originado el sistema jurídico romano. Ahora bien, el estudio de la filosofía de la vida de los antiguos egipcios y de los antiguos romanos es más útil para nuestro tema, porque es ésta la que constituye la base sobre la cual se edificó el sistema jurídico romano y el concepto egipcio de la justicia. Estudiar la filosofía de la vida de los antiguos egipcios permite, por ejemplo, entender mejor la noción romana de *persona*. Lo que a su vez aclara aún más, el motivo por el cual el antiguo derecho romano distinguía entre *actio in rem* y *actio in personam*. Vamos a ver ahora los rasgos comunes a estas dos culturas. No vamos a profundizar aquí todo lo que se refiere a Egipto porque lo haremos más adelante, al tratar el concepto de justicia en el antiguo Egipto.

2.1: Un gusto muy fuerte por lo concreto

Los egipcios antiguos, así como los antiguos romanos, gustaban más de lo concreto que de lo abstracto.[161] No pensaban del mismo modo "científico" que los juristas modernos, y les gustaban mucho los símbolos y los rituales. En un libro muy interesante sobre el antiguo derecho romano, Michel VILLEY planteó hasta que punto los antiguos romanos observaban la vida real y preferían las soluciones pragmáticas a los conceptos jurídicos abstractos. El antiguo derecho romano no era un sistema jurídico, sino el arte de determinar lo justo y según Michel VILLEY, el arte de compartir.[162] Los egipcios, eran también muy pragmáticos y observaban también mucho la naturaleza. Hasta en el campo de la moral, los egipcios eran muy prácticos como lo demuestra el egiptólogo

Emile AMÉLINEAU.[163] Al traducir el papiro moral de Boulaq, él planteó que los egipcios se podrían casi calificar de "utilitarios". Por otro lado, los egipcios se interesaron por el origen del mundo de modo también muy pragmático, como lo subraya la egiptóloga Beatrice L. GOFF.[164]

2.2: El poder creador de la palabra y el concepto de *persona*

Por ser esencialmente lógico y materialista, el mundo moderno se ha quedado ciego ante el simbolismo de civilizaciones antiguas que se interesaron mucho más en el mundo intangible. A través del derecho romano arcaico y a través del concepto egipcio de Maat (que los egiptólogos traducen por "Verdad-Justicia"), podemos observar cómo estos pueblos habían sacado partido, en el marco jurídico de la ley natural, de la compenetración del mundo material y del inmaterial.

Gracias a su pragmatismo, los antiguos egipcios y los antiguos romanos ya habían explotado esta ley natural en muchos campos. Mientras que el mundo moderno sólo empieza a utilizarla en el campo de la informática. El mismo principio de compenetración entre lo tangible y lo intangible, es lo que permitió el desarrollo moderno de la informática y de Internet. De hecho, la informática esta basada sobre el principio del pasaje de la energía eléctrica (intangible) a través de una herramienta tangible (la computadora). Es este mismo principio de compenetración entre lo tangible y lo intangible el que se encuentra en el antiguo Egipto (con respecto a la palabra creadora y a los rituales religiosos) y en la antigua Roma (a través de la noción de *persona)*. La palabra es algo intangible que se manifiesta a través del cuerpo (tangible). El antiguo Egipto está muy marcado por la importancia dada a la palabra. Según los textos, los egipcios la consideraban como una sustancia vivificante y creadora. Como vamos a profundizarlo más adelante, ellos pensaban que el ser humano capta (y los dioses también) la vida con el corazón y la emite con la lengua. Esta concepción se relaciona obviamente con el papel desempeñado por la palabra en el procedimiento ritual del antiguo derecho romano.[165] Durante los juicios arcaicos, las fórmulas de la ley se debían recitar en voz alta, a falta de un proceso jurídico válido.[166] Por ejemplo, el concepto de derecho de propiedad no existía en el derecho romano arcaico. Entonces para reivindicar lo que hoy llamamos "derecho de propiedad", la víctima debía pedir al pontífice una fórmula ritual con la cual declaraba que la tierra era suya. Se debía recitar exactamente la fórmula, y según los casos la víctima debía llevar un poco de tierra o todo objeto relacionado con la cosa reivindicada. En este sentido en sus orígenes, el derecho romano se parecía mucho a rituales mágicos.[167] Las fórmulas eran secretas y comunicadas verbalmente por los pontífices durante un largo tiempo.[168] En el transcurso de la historia, las fórmulas empezaron a ser escritas, y más tarde publicadas a través de los edictos de los pretores (magistrados romanos).[169] Cuando un litigante, en la Roma antigua, recitaba en presencia de los pontífices una fórmula de la ley, utilizaba el principio "de emisión de la voz", tan importante en el antiguo Egipto. La "emisión de la voz" es un acto creador, que técnicamente consiste en el pasaje de la palabra (que para los egipcios era energía transformada) a través de un cuerpo físico. De todo eso podemos confirmar que la *persona* romana concuerda muy bien con la etimología "per-sonare": es decir que es "la máscara a través de la cual se resuena". En otras palabras, la persona es el medio físico que permite el paso de lo intangible: vida o palabra, a las cuales los egipcios antiguos prestaban mucha atención. Obviamente es este principio que funde la diferencia romana entre *actio in rem* y *actio in personam*. Los antiguos romanos, que eran pragmáticos, se dieron cuenta de que al poder manifestar lo intangible, el cuerpo de las personas permite también, actuar sobre ello. La distinción entre *actio in rem* y *actio in personam* es una de las consecuencias prácticas de la ley natural de compenetración entre lo material y lo inmaterial en el cuerpo humano. Tomar conciencia de que el derecho romano tiene sus raíces en leyes naturales fundamentales, permite entender porque la utilidad de este derecho se mantuvo hasta hoy. Las leyes naturales no cambian, mientras que las leyes humanas son tan efímeras como los hombres que las crearon. Por estar el antiguo derecho romano, basado en leyes inmutables, se puede siempre sacar partido de él y especialmente hoy, en el marco de Internet. Por lo contrario, el derecho positivo ha perdido su actualidad en este ámbito. Vamos a ver ahora cómo podemos aprovechar en Internet, la distinción romana entre *actio in rem* y *actio in personam*.

CAPÍTULO 4

La experiencia jurídica de los antiguos romanos aplicada a Internet

La distinción romana entre *actio in rem* y *actio in personam* es mucho más útil para Internet que las leyes más sofisticadas del derecho positivo. Ese método romano de considerar el derecho, da repuestas a las cuestiones que tanto preocupan a los juristas que han reflexionado sobre Internet. Por ejemplo el antiguo derecho romano permite solucionar el conflicto entre los juristas y las personas que piensan que Internet es sólo virtual o sólo material. Los defensores de la virtualidad plantean que Internet es un mundo virtual, aparte del mundo material, y que por consecuencia no se debe aplicar el derecho positivo a Internet. Los partidarios de la materialidad plantean que Internet no es un mundo virtual, sino un mundo real porque en definitiva se refiere a las personas y produce efectos sobre las personas. Esta última opinión dio lugar a la lógica jurídica que sigue y que lleva a un callejón sin salida.

93

1: La lógica jurídica utilizada para enfrentar los daños perpetrados por Internet

a) Los juristas constatan que daños ocurren en Internet.

b) Deciden que eso debe ser sancionado.

c) Plantean que no hay vacío jurídico, porque en su opinión Internet no es un mundo virtual porque se refiere en última instancia, a personas bien determinadas. En consecuencia el derecho tradicional se debe aplicar a Internet.

d) ¿Cuáles son las leyes que se deben aplicar? La repuesta es que una cantidad impresionante de textos del derecho tradicional se puede aplicar a Internet a escala nacional, aunque los textos parezcan ligeramente inadecuados. Se aplican a Internet: el derecho penal, el derecho de los contractos, el derecho comercial, el derecho audiovisual, el derecho de propiedad intelectual,[170] etcétera.

e) A pesar de la afirmación que dice que Internet no es un mundo virtual, que no hay ningún vacío jurídico y que alcanza sobradamente el derecho vigente, se han publicado numerosos libros consagrados al "derecho de Internet" o al derecho del ciberespacio.[171] Por otro lado, algunos gobiernos adoptaron textos específicos o reflexionaron sobre una legislación específica para la red.

f) Dada la suma importancia del concepto de territorialidad del derecho positivo, todos se dan cuenta de que los derechos nacionales no se pueden aplicar eficazmente a Internet. Internet permite superar las fronteras. Y hasta hoy un Estado no puede prohibir a sus ciudadanos el acceso a informaciones, cuando la fuente de estas informaciones es extranjera. Por eso una gran parte de la legislación nacional no se puede aplicar eficazmente a Internet.[172]

A través de este resumen de la lógica jurídica utilizada para tratar de lograr soluciones a los problemas planteados por Internet, se puede ver que finalmente no es una verdadera lógica y también hasta que punto utilizar la lógica del derecho tradicional para Internet, lleva a un callejón sin salida. Tal lógica no tiene en cuenta la dinámica de Internet y la creación de riqueza que implica. Mientras nuestros derechos positivos no son ni útiles, ni eficaces en Internet, el antiguo derecho romano se puede siempre utilizar con provecho.

2: Las respuestas del antiguo derecho romano

El antiguo derecho romano permite contestar a los partidarios de la virtualidad y a sus adversarios, que ambos tienen y no tienen razón. Con respecto a la percepción humana de la vida, un mundo virtual nunca puede existir de modo completamente independiente de la materia. De hecho, siempre es a través de la materia (su cuerpo físico, o una computadora para Internet) que el ser humano tiene acceso al mundo virtual. La confusión actual de los juristas proviene de una falta de observación del funcionamiento de Internet. Internet existe porque existen también un mundo virtual y un mundo material que se compenetran. La ley de compenetración de lo material y de lo inmaterial se aplica también a Internet. Al tomar conciencia de este hecho, se entiende porqué la distinción del antiguo derecho romano entre *actio in rem* y *actio in personam* es siempre actual para Internet. También es de actualidad el principio fundamental que implica: la imposibilidad de actuar directamente sobre lo inmaterial, (lo virtual, podemos decir para Internet). De aplicar el derecho romano a Internet podemos observar que:

Sólo se puede actuar sobre el mundo virtual de Internet a

través de algo material que permite transmitir la información: el cuerpo humano y la computadora. En consecuencia, para lograr eficacia, un derecho de Internet debería tener en cuenta lo siguiente:

a) Cuando Internet es un simple medio de comunicación utilizado por personas bien identificables para operar con objetos tangibles que serán entregados en un lugar legalmente determinado y que provienen de un lugar legalmente determinado; los derechos positivos pueden seguir aplicándose como en el pasado. Aquí no es necesario regular. El derecho comercial internacional, por ejemplo, se puede aplicar normalmente.

b) Cuando Internet es utilizado como medio para realizar intercambios de bienes informativos (libros electrónicos, servicios, información, etcétera) entre uno o varios emisores y receptores y cuando ambos, los emisores y los receptores o sólo los unos o los otros, no son físicamente identificables, entonces no existe ningún medio de actuar sobre lo inmaterial y toda legislación que pretenda poder hacerlo, se equivoca y no puede tener eficacia. De hecho, nuestro único medio para actuar sobre lo inmaterial es la persona, y en este caso la persona no existe jurídicamente porque no es posible identificarla. La única medida que pueden emplear los gobiernos nacionales para regular esta situación es influir sobre el mundo de las ideas, emitiendo recomendaciones legislativas. En otras palabras, lo único que se puede hacer es actuar sobre las personas utilizando la "palabra".

c) Cuando personas legalmente identificadas están intercambiando informaciones por Internet y estos intercambios no dan lugar en definitiva, a intercambios de bienes materiales en la realidad; si ocurre un litigio, los derechos positivos nacionales se pueden aplicar bajo dos condiciones: si los delitos fueron previstos por el derecho positivo y el litigio ocurre entre dos personas de un mismo país. Se aplica también el derecho positivo si las personas están físicamente bien determinadas, son ciudadanas de diversos países y si los acuerdos entre estos países permiten sancionar este tipo de abuso realizado por Internet.

Cuando ocurre un litigio entre dos personas:
- a propósito de intercambios informativos realizados a través de Internet que no estén sancionados por el derecho internacional, ya sea porque no existen leyes internacionales específicas, o porque por la especificidad

de Internet el intercambio no se puede ubicar de modo cierto en un territorio dado, y/o en el caso en que las dos personas no puedan ser físicamente identificadas: no existe ninguna posibilidad para un Estado de sancionar los abusos o de regular las relaciones entre las personas.

3: Una nueva aplicación del principio del antiguo derecho romano posible gracias a Internet

Acabamos de ver cómo el antiguo derecho romano permite distinguir entre el mundo material y el virtual. También hemos visto que se puede actuar eficazmente sobre el mundo virtual como los antiguos romanos lo hacían. Como ellos, es a través de las personas que actuamos sobre el mundo virtual, pero, hay algo nuevo: se puede también lograr lo mismo sobre el mundo inmaterial a través de las computadoras, utilizando medios técnicos.[173]

El antiguo derecho romano, y la comprensión de su distinción entre *actio in rem* y *actio in personam*, nos ha ayudado a entender cómo se puede actuar eficazmente sobre lo virtual. Pero no podemos aplicar a Internet la concepción de la justicia como reparto justo.[174] De hecho, en un mundo de abundancia informativa en donde dar una idea a alguien no impide que continuemos "poseyendo" la idea, la justicia como reparto justo ya no tiene ni sentido ni utilidad. Al no poder justificarse por razones de justicia sino sólo por un propósito fiscal y autoritario, no es sorprendente que las intervenciones jurídicas y gubernamentales sean a veces rechazadas y fuertemente criticadas. Numerosos cibernautas se preguntan si la intervención jurídica se puede justificar.[175] Para que la intervención legislativa sea justificada y aceptada por los ciudadanos, debería estar basada en un principio de justicia necesariamente específico a Internet, y no sobre el derecho positivo y la justicia concebidos para el mundo material. Ante la pregunta de si existe una justicia que se pueda aplicar al mundo virtual, y que podría justificar la intervención adecuada de los juristas y de los gobiernos, podemos contestar que es en el Egipto antiguo, completamente orientado hacia una justicia de lo inmaterial que encontraremos conocimientos útiles que nos darán la respuesta

.

TERCERA PARTE

¿Qué justicia para Internet?

Introducción

El estudio del derecho romano arcaico demuestra que la idea de justicia es anterior al concepto de derecho positivo.[176] En otras palabras, un derecho positivo supone necesariamente la existencia de un interés inicial por la justicia. No existen sociedades en las cuales el derecho positivo no se origine de una voluntad (inicial) de hacer la justicia. El deseo de justicia siempre fue necesario para la creación del derecho. Por el contrario, la egiptología muestra que una sociedad evolucionada como la de Egipto duró mucho tiempo sin derecho escrito. Sin embargo, su rasgo fundamental era poner la justicia en el centro de sus preocupaciones. A causa del carácter mundial de los problemas planteados por Internet, los diversos derechos positivos nacionales tienen todos vocación de ser aplicados. ¿Entonces qué derecho escoger? Tal elección es imposible y continuar en este camino es ir a un callejón sin salida. Más vale ir a la fuente de todos estos sistemas jurídicos: el deseo de justicia. ¿Pero de qué justicia se trata? La justicia de Aristóteles, que distribuye a cada persona lo suyo y que reparte los bienes materiales no sirve de nada en Internet.[177] Sin embargo, sólo esta concepción de la justicia-reparto prevalece en nuestro mundo moderno. Aún John RAWLS ha basado su *Teoría de la justicia* sobre este fundamento.[178] A pesar de que en el ámbito jurídico, sólo tenemos este concepto de justicia y sus variantes, el mismo no se puede aplicar eficazmente al mundo virtual.

Hemos visto que sin propósito de justicia las regulaciones gubernamentales de Internet aparecen indeseables, e ineficaces. Pero se debe observar que en el mundo jurídico y gubernamental nadie se preguntó cómo profundizarlo y por qué se necesitaría una intervención jurídica en Internet. En vez de esto, la costumbre del razonamiento jurídico positivo llevó a los juristas de todos los países, sólo a preguntarse, por ejemplo: ¿Cuál es la ley aplicable? ¿Qué corte tiene competencia? ¿Qué artículo del código penal se puede aplicar?[179] El positivismo jurídico ha acostumbrado a los juristas a no utilizar su imaginación creadora y a limitarse a la utilización de la memoria jurídica "muerta" -es decir las leyes y los códigos-. En Internet, tal postura es inadecuada porque el derecho positivo no fue concebido para una civilización de la riqueza inmaterial y para un mundo virtual.[180] La civilización egipcia, en donde la justicia aparece como la llave de la creación de un universo de afluencia inmaterial, contiene la repuesta a nuestro cuestionamiento de saber si existe un concepto de justicia para justificar una intervención jurídica en Internet.

.

Apartado **1**
El concepto de justicia en el Egipto antiguo

CAPÍTULO PRELIMINAR

Egipto: un mundo centrado en la justicia

Los vestigios de la civilización egipcia atestiguan claramente el gran interés de los antiguos egipcios por la justicia. Egipto era una civilización al revés de la nuestra, por el hecho de que se interesaba mucho en la justicia y muy poco en el derecho. Los antiguos egipcios no han construido, como los antiguos romanos, un sistema jurídico, sino que han inventado un concepto de justicia para lo inmaterial. Mientras, es difícil encontrar vestigios de textos jurídicos del antiguo Egipto (sólo fueron descubiertos algunos textos de la época tardía y lo que los egiptólogos consideran como el primer tratado de derecho internacional)[181]) el tema de la justicia está omnipresente. Se encuentra hasta en los más pequeños actos de la vida cotidiana. Casi todos los textos y las inscripciones jeroglíficas hablan de la justicia. La justicia egipcia se refiere a la vida terrenal, y también a la vida en el más allá. A pesar del título de su libro: *La noción del derecho según los antiguos egipcios*, Joseph SARRAF observó la importancia de la justicia en el mundo egipcio y la rareza de los textos puramente jurídicos.[182] Todos los textos sapienciales enseñan que se debe conformar a Maat, concepto que los egiptólogos han traducido por "diosa de la Verdad-Justicia". *Los libros de los muertos de los antiguos egipcios* muestran el papel que desempeña Maat, la diosa de la justicia, cuando el corazón del difunto está colocado en su balanza. El pasaje del difunto por la balanza está representado en las viñetas de los papiros funerarios. Antes de irse al más allá, el difunto debe obligatoriamente pasar por la balanza de Maat. De este hecho es fácil entender que el concepto de justicia era el punto central de esta civilización tan focalizada en la vida en el más allá. Por eso no es sorprendente que Maat, la "diosa de la Verdad-Justicia " esté omnipresente. Aparece en casi todos los textos encontrados por los arqueólogos: textos sapienciales, papiros mortuorios, o inscripciones jeroglíficas grabadas en los muros de los templos. Las informaciones sobre Maat fueron reunidas, no sólo a través la traducción de los jeroglíficos, sino también a través las imágenes. Maat es la diosa con la pluma blanca. Ella lleva también la cruz Ankh (cruz ansata) que es el símbolo de la vida. A través de los vestigios de la civilización egipcia, se puede observar que toda la vida egipcia está regulada por Maat. En esta sociedad, no había distinción entre justicia divina y justicia humana, el hombre justo sobre la tierra es también el hombre justo en el más allá. Los justos eran recompensados con una abundancia de vida, con la prosperidad terrenal y también con la prosperidad en el más allá. Egipto, como "don del Nilo"[183] está marcado por una prosperidad material y un gran gusto por la justicia. Pero el concepto egipcio de justicia es tan diferente del nuestro que le fue muy difícil a los egiptólogos y a los historiadores de las religiones entender lo que era la justicia para los antiguos egipcios. En cuanto a los juristas, son extremadamente raros los que se interesaron en el concepto egipcio de la justicia. El mundo jurídico moderno se contenta generalmente con la tradición aristotélica de la misma. En la medida en que la justicia egipcia tenía como propósito la creación de una abundancia inmaterial que resultaba finalmente en prosperidad material, esta justicia es muy interesante para estudiar con respecto a Internet. Vale la pena descubrir la filosofía de los antiguos egipcios que contribuyó al éxito y la longevidad de la civilización egipcia.

CAPÍTULO 1

La justicia egipcia a través de la egiptología y de la historia de las religiones

1: Maat[184] (diosa de la justicia): alimento de los dioses y de los hombres

Numerosos autores, basándose en los textos descifrados y sobre las imágenes de la ofrenda de Maat en los templos, la presentan como la hija del dios-sol Ra[185] como su madre[186] y también como su alimento y el alimento de todos los dioses.[187] En su libro sobre *Maat y el faraón*, Jean-Claude GOYON la presenta como: "la 'hija y la vida de Re, el creador solar".[188] Alexandre MORET escribe que durante el ritual de la ofrenda de Maat:

"...el celebrante dice que Maat es: la hija, la carne, el alma, el adorno, el traje, el alimento sólido y líquido del dios, y el aliento de vida que lo anima".[189]

Los egiptólogos y los historiadores de las religiones son unánimes en subrayar la posición central de Maat en el pensamiento egipcio. De hecho, Maat es el objeto del más importante ritual de intercambio entre el faraón y el sol. Este intercambio consiste en hacer subir de nuevo la Maat hacia su padre el sol, es decir devolver al sol la luz que da, a fin de permitirle siempre continuar dando luz. Este rito de intercambio entre el faraón y el sol fue recientemente estudiado de modo exhaustivo por Emily TEETER[190] en su libro titulado: *The presentation of Maat, Ritual and legitimacy in ancient Egypt*. A través de su gran interés por la observación en los templos, de la escena del ritual de la ofrenda de Maat por el faraón o el rey, el autor demuestra especialmente que Maat aparece en estas escenas como el alimento del sol[191] y también como el alimento de todos los dioses. ¿Pero qué significa exactamente la palabra "Maat", palabra a menudo traducida por "Verdad-Justicia"? ¿Qué significa la imagen de Maat, representada sobre las paredes de las tumbas o en las viñetas de los papiros como una diosa llevando sobre la cabeza una pluma blanca? Maat está también a veces representada únicamente por una pluma blanca,[192] o por la figurilla de una diosa sentada que lleva en sus rodillas la cruz Ankh 𓋹 (cruz ansata), símbolo de la vida,[193] para los antiguos egipcios[194]. Jean-Claude

GOYON, por ejemplo, presenta a Maat de la siguiente manera:

"La figurilla y su imagen encarnan un concepto, un principio: el del orden universal, del cual resultan todas las virtudes y nociones de orden propias a la humanidad: verdad, justicia, equilibrio. Maat es también la manifestación revelada del don repetido de la vida..."[195]

Con esta concepción cósmica de Maat, el autor pertenece a la nueva corriente de pensamiento que abandonó la concepción ética de la Maat. Vamos ahora a profundizar la concepción cósmica de Maat.

2: De la Maat moral a la Maat cósmica: la evolución de las ideas en egiptología y en la historia de las religiones

Es a través de los documentos escritos, encontrados, la mayoría de las veces, en las tumbas o en los templos, y con el esclarecimiento de las inscripciones grabadas en la piedra, que los egiptólogos han estudiado la noción de la Maat, generalmente traducida por expresiones imprecisas tales como: "Verdad-Justicia" o "el orden". Miriam LICHTHEIM recopiló los textos sobre la Maat, y adjuntó sus comentarios en su libro: *Maat in Egyptian autobiographies and related studies*.[196] Como concepto central del mundo egipcio antiguo, Maat interesó tanto a los egiptólogos como a los historiadores de las religiones.[197] Todos realizaron un estudio profundo del concepto de Maat, sin nunca llegar, según ellos, a un entendimiento claro y coherente de lo que era el principio de la justicia en el Egipto antiguo. De hecho plantean que la dificultad en entender el concepto egipcio de la Maat, proviene de la diferencia entre la mente moderna y la mente de los antiguos egipcios. Para lograr la comprensión de este concepto se necesitan neutralidad y flexibilidad mentales para no proyectar sobre este mundo egipcio tan extraño a nosotros, nuestras ideas, conceptos y lógicas sobre la justicia. En sus principios, la egiptología no escapó del ambiente intelectual del siglo diecinueve. Por este hecho, fue inevitablemente impregnada por las teorías evolucionistas y por el racionalismo científico. Eso fue fuertemente criticado por Henri FRANKFORT, quien aconsejaba por el contrario, tratar de pensar como los egipcios para poder entender sus mensajes, y particularmente para entender la noción de Maat.[198]

La corriente de pensamiento que aplicaba a la Maat nuestra concepción actual de la justicia y la consideraba como un concepto puramente ético[199] -como se podría suponer a partir de los textos de las confesiones negativas encontrados en las tumbas- está hoy día largamente abandonada, o más precisamente incluida en una concepción cósmica del concepto de Maat. Según el egiptólogo Jan ASSMANN[200] y según Philippe DERCHAIN, es a Claas Jouco BLEEKER, egiptólogo neerlandés a quien debemos, alrededor del año 1929, la apertura de la egiptología y de la historia de las religiones, a una concepción más global de la Maat: una concepción cósmica. Para lograr esta apertura, Claas Jouco BLEEKER había, "simplemente", cambiado de punto de vista. Su libro que trata específicamente de la Maat[201] está escrito en neerlandés y no parece haber sido traducido a otras lenguas. Por eso accedimos a él únicamente a través de las citas de egiptólogos o historiadores de las religiones. Afortunadamente, BLEEKER presenta su teoría de la Maat y sobre todo el método de trabajo que le permitió entender mejor la mente egipcia, en un libro en inglés publicado en 1967.[202] Claas Jouco BLEEKER reprochaba a sus predecesores y a sus contemporáneos[203] haber tomado un punto de vista moderno y "europeo" para estudiar la religión egipcia, buscando en los textos egipcios una "doctrina religiosa" que, en su opinión, no podía existir, porque a la mente egipcia no le gustaban las abstracciones y las doctrinas. El critica también el interés excesivo y casi exclusivo por la mitología, manifestado por numerosos investigadores.[204] El autor explica que aún el mito de Osiris nunca fue presentado de modo sistemático por los egipcios y que su mito en forma de cuento global lo debemos al griego Plutarco.[205] La idea de sistema, unido a un razonamiento lógico y deductivo no se encontraba en la civilización egipcia.[206] Los egipcios no eran ni racionales en el sentido moderno, ni fatalistas, sino que tenían un fuerte optimismo y un sólido realismo natural que les hacían percibir la justicia como inmutable.[207] Para entender mejor la religión egipcia que incluye el concepto de Maat, Claas Jouco BLEEKER propone observar más los ritos y los cultos, en vez de focalizarnos únicamente sobre los textos como se hace en las religiones modernas europeas. Aun más, los textos egipcios encontrados y traducidos por los egiptólogos, representan sólo la religión oficial y no el conjunto de las creencias y prácticas del pueblo egipcio. Las prácticas[208]rituales egipcias son, según el autor, mucho más diversificadas que lo que muestra la religión oficial.

Gracias a este enfoque más amplio, centrado sobre la práctica concreta de rituales (siendo la ofrenda de la Maat el ritual más importante), que son actos de la vida real, actos concretos por los cuáles los egipcios cumplían sus creencias religiosas, Claas Jouco BLEEKER tuvo éxito en clarificar el aspecto cósmico de Maat, y el hecho de que todo, en la sociedad egipcia, está integrado: el orden social y el orden cósmico, el micro y el macrocosmos.[209] El define la Maat así:

"Maat es al mismo tiempo un concepto y una diosa. Como concepto Maat representa la verdad, la justicia y el orden social, tres valores éticos que al observarlos mejor están basados sobre el orden cósmico."[210]

En su libro consagrado a Maat,[211] nos presenta su concepción que servirá de referencia a numerosos historiadores de las religiones y egiptólogos. Entre ellos, Irène SHIRUN-GRUMACH,[212] basándose sobre los escritos de Claas Jouco BLEEKER ha subrayado la idea que en la simbólica cósmica egipcia, la pluma, símbolo de Maat, simboliza la luz. Jan ASSMANN, basándose también sobre la dimensión cósmica de Maat, expuesta a la luz por BLEEKER, ha profundizado el aspecto cósmico de la Maat y ha mostrado muchas otras características de la misma y las consecuencias de esta visión cósmica de ella. Gracias a su intuición de que se necesitaba cambiar de punto de vista y de método de trabajo para ampliar el campo de las investigaciones y gracias a su gran capacidad de observación, Claas Jouco BLEEKER permitió un avance significativo en el marco de la comprensión de la noción de Maat en egiptología.

Hubiera podido llegar mucho más lejos en su pensamiento si hubiera podido salir del campo de la historia de las religiones para estudiar el concepto de Maat, porque, como lo plantean autores ulteriores Maat no es un concepto "religioso" en el sentido moderno.[213] Hoy la palabra "religión" implica la creencia en algo que no es pragmático y que no se puede verificar. Nuestro concepto de religión era extraño al pensamiento egipcio antiguo. Ellos eran fundamentalmente concretos, no les gustaban las abstracciones. Philippe DERCHAIN subraya, por ejemplo, hasta que punto la noción del orden inherente a la Maat significaba para los egipcios no algo abstracto, sino un orden concreto basado sobre fuerzas en interacción.[214] En Egipto no se trataba de creer o no en

Maat, sino de manifestarla, de experimentarla, y de ver los resultados concretos producidos por una conducta conforme a Maat y por una conducta contraria a Maat, como lo aconsejan los textos sapienciales egipcios.[215] Sin embargo, Claas Jouco BLEEKER escribió, que contrariamente a nuestras religiones modernas basadas sobre los textos, las religiones antiguas se basaban sobre la naturaleza.[216] Y había deducido a través de su observación de los ritos y de los cultos egipcios que todos tenían como propósito la renovación de la energía,[217] un propósito, por último, muy concreto y muy utilitario.

Mucho tiempo antes, Alexandre MORET había también observado, a través el ritual de la ofrenda de la Maat, el propósito de la circulación de energía cósmica relacionado a la noción de Maat. Este ritual consiste en "hacer subir la Maat". Ella está principalmente implicada en la circulación de la energía cósmica y en la conservación del equilibrio del micro y del macrocosmos. En consecuencia no se parece a un concepto religioso en el sentido moderno.

El historiador de las religiones, Henri FRANKFORT superó la percepción religiosa moderna de la civilización egipcia. Así permitió subrayar el carácter "*mythopoeic*"[218] (creador de mitos) de la mente egipcia y profundizar el conocimiento de la esencia del pensamiento del antiguo Egipto. En su libro *Ancient Egyptian religion, an interpretation*,[219] él explica hasta que punto la mente egipcia era diferente de la nuestra.[220] De eso resulta que muchas nociones, muchos conceptos y muchas palabras del Egipto antiguo parecen oscuros a los especialistas, no porque las fuentes sean oscuras sino porque la mente de los egipcios era muy diferente a la moderna. El egipcio antiguo no era un intelectual, no elaboraba teorías lógicas y racionales. Por el contrario tenía mucha intuición, un sentido concreto muy fuerte, [221] y una gran imaginación.[222] El autor muestra cómo, por ejemplo, nuestro enfoque principalmente materialista del mundo nos impide entender bien lo que significan las ofrendas egipcias de alimentos a los dioses o a los muertos. Los egipcios miraban la vida al mismo tiempo con un punto de vista material e inmaterial.

Es muy difícil para nuestro espíritu moderno entender que los egipcios ofrecieran a los dioses la parte inmaterial de los alimentos,[223]su energía (su Ka). Con respecto a la noción de Maat, el autor estima que es difícil traducir este concepto en el lenguaje moderno porque la Maat corresponde a algo que no conocemos.[224] En consecuencia, necesitamos muchas palabras para tratar de traducir este concepto egipcio que no se corresponde con ninguno moderno. En el Egipto antiguo, la concepción de la vida humana era unificada y tomaba en cuenta la integración del orden cósmico y del orden social.[225] Tal integración está totalmente ausente de nuestro mundo moderno. Maat representa, para el autor, a la vez la ética, la moral, la justicia humana, divina y cósmica. Y escribe:

"Pero nos faltan palabras para los conceptos como la Maat, que tiene a la vez implicaciones éticas y metafísicas. A veces debemos traducir este concepto por 'el orden', a veces por 'verdad', a veces por 'justicia'. Lo contrario de Maat también implica una variedad de traducciones. Con esta manera de traducir la Maat, subrayamos involuntariamente la imposibilidad de traducir las ideas egipcias al lenguaje moderno. Esto resulta del hecho que las distinciones que no podemos evitar de hacer no existían para los egipcios."[226]

Por su dimensión cósmica, Maat regula el orden del mundo, pero la palabra "orden", tampoco se debe entender en el sentido moderno. Según Henri FRANKFORT, la palabra "orden" se refiere a algo que no pertenece al pensamiento moderno. Del mismo modo la palabra "derecho" no significa lo mismo que la misma palabra moderna. Ser "derecho"[227] no tiene nada que ver con la moral o la ética para los egipcios. Aún cuando los egipcios describen acciones malas, no las consideran como pecados sino sólo como anomalías del comportamiento que impiden la felicidad por no estar conformes con el orden creado por la Maat.[228] El orgullo, por ejemplo, se consideraba como una pérdida del sentido de la proporcionalidad. Esta concepción se parece a la concepción griega del *hybris*.[229] Para el antiguo egipcio era más útil entender mejor las leyes de la Maat y reformar, en consecuencia, su actitud que arrepentirse de un pecado sin entender nada del funcionamiento de la Maat.[230] Estudiando los textos funerarios, el autor muestra que están cada vez más marcados por el temor a la muerte y al último juicio,[231] y que crean numerosos obstáculos al pasaje del difunto hacia el más allá. El autor plantea que en estos aspectos, los textos funerarios no se corresponden con la verdadera sensatez egipcia de los orígenes. El autor subraya que para los egipcios la noción de juicio no podía tener un sentido bíblico, moral y ético.[232] Y critica a los autores que creen encontrar en los textos funerarios una ética o una moral egipcia.[233] Ahora bien, dice Henri FRANKFORT, eso equivaldría a deducir nuestro conocimiento astronómico del estudio de los horóscopos publicados en los periódicos.[234] Por el contrario, numerosos textos sapienciales egipcios prueban que las nociones de pecado, de ética, o de moral no eran preocupaciones egipcias. Egipto estaba centrado en la armonía muy concreta, resultado del orden cósmico y social permitido por la Maat.[235]

El egiptólogo, Jan ASSMANN hizo un estudio más reciente y profundo del concepto de Maat.[236] El autor subraya el hecho que la Maat integra a la vez lo cósmico y lo social. El pensamiento egipcio, dice el autor "no hizo una distinción entre teología y ciencia, cosmos y sociedad, religión y Estado".[237] A través de su análisis detallado de los textos egipcios y accesoriamente a través de la imagen de la escena "de pesar el alma", el autor demuestra cómo la Maat actúa a nivel social y a nivel cósmico. El autor estima que la comprensión del concepto de Maat:

"...podría ser la llave de una comprensión más profunda de

la civilización egipcia..., porque parece borrar los límites entre la religión y todo lo que no es la religión."[238]

Explica hasta que punto las dificultades de traducción del concepto de Maat se relacionan con el hecho de que el universo de pensamiento de los antiguos egipcios estaba en las antípodas del nuestro:

" Cuanto más se amplía la diferencia entre los dos universos, más se alarga la paráfrasis; entonces puede fácilmente lograr el tamaño de un libro entero; en la medida en que debe reproducir, en gran parte, la concepción de un mundo que nos es extraño."[239]

El autor describe cómo la egiptología, enriquecida por la antropología cultural y la filosofía de la civilización, evolucionó de una concepción puramente ética de la Maat hacia una concepción cósmica, en los años 30. A partir de esta época, Maat ya no era considerada como siendo esencialmente la ética, sino "el orden universal".[240] La justicia egipcia se consideraba como una "acción en armonía con las fuerzas reguladoras activas a fin de conservar el orden universal".[241]

El aspecto social de la Maat según Jan ASSMANN[242]

Basándose en el análisis de los textos sapienciales,[243] Jan ASSMANN trata de demostrar que una idea de solidaridad social emana del concepto de Maat. Se trata de una solidaridad activa que implica que se actua para él que ha actuado, y que se debe conservar la memoria del ayer. A esta solidaridad activa, se adjuntan una solidaridad comunicativa -relacionada con el papel importante del escuchar en la sociedad egipcia- y una solidaridad intencional. A través de este último tipo de solidaridad, el autor percibe a "Maat como un altruismo prescriptivo". Podemos criticar al autor por interpretar las fuentes egipcias con ojos modernos. Los conceptos de solidaridad y de altruismo no se encontraban en el Egipto antiguo, sino que son conceptos de la tradición judeocristiana. El escuchar egipcio, presentaba una dimensión mucho más amplia que la noción de escuchar como solidaridad, inventada por Jan ASSMANN. Es muy probable que por ejemplo, la noción del escuchar solidario mutuo, que tiene su origen en la obediencia a la ley paterna, fue una distorsión tardía que ocurrió en una sociedad patriarcal en donde las enseñanzas estaban dirigidas a los hijos. Aún si algunos pasajes de las enseñanzas de los padres a los hijos son el reflejo de un Egipto ya inclinado a favor de un severo patriarcado, numerosos pasajes de estos mismos textos así como de otros, no hablan de que el hijo debe escuchar a su padre sino de una escucha muy diferente. De hecho, en muchos textos se trata de la escucha de los dioses y de la escucha de Maat por todos los seres humanos, con el corazón. Por la escucha, el corazón se ajusta con la armonía cósmica, y se llena de Maat entonces de vitalidad.[244] Podemos mencionar aquí, que la ciencia moderna ha descubierto el papel fundamental de la oreja interna como órgano del equilibrio. El médico Alfred TOMATIS,[245] especialista del oído, escribe en su libro *Vers l'écoute humaine:*

"De hecho, la oreja no fue concebida para oir. ¿Cómo entonces hubiera podido ser concebida para escuchar? Debe realizar dos funciones mayores que se relacionan en la realidad con una sola y misma actividad: el equilibrio y la recarga energética del sistema nervioso. Sólo es secundariamente que la oreja se puso a oír y más tarde a escuchar."

Los paleoantropólogos descubrieron vestigios de primates sin canal auditivo externo y no están de acuerdo en considerar a estos seres como antepasados de los seres humanos.[246] Al tomar conciencia de lo que era realmente el escuchar en el antiguo Egipto podemos entender por qué este concepto era tan importante para la civilización egipcia. El escuchar no se limitaba a escuchar a los demás, o a una simple solidaridad comunicativa. Era mucho más amplio e implicaba "escuchar" al universo y a su armonía, para llenarse de vida. Sin embargo a pesar de nuestra crítica de las ideas de Jan ASSMANN, hay aspectos de sus trabajos que son interesantes, tales como la noción de intercambio,[247] acompañada por la noción de circulación a través del intercambio. Es eso que trasparece en el texto *El campesino elocuente* y especialmente a través de la fórmula "actúa para el que actúa".[248] Pero, en lo que se refiere a la Maat, no debemos, en nuestra opinión, aceptar la conclusión siguiente de Jan ASSMANN:

"Las nociones de 'solidaridad' y de 'comunicación' se revelan como los elementos comunes a todas las esferas -o universos de discurso - en los cuales hemos estudiado la noción de Maat... Se debe entonces en mi opinión abandonar la noción del orden cósmico, *Weltordnung*, como centro del concepto de Maat. El verdadero centro, la procedencia de todas sus acepciones más específicas es la categoría social de la solidaridad comunicativa."[249]

Abandonar la noción del orden cósmico, por la de la

"solidaridad comunicativa", sería retroceder y perder el provecho del avance permitido por Claas Jouco BLEEKER. En nuestra opinión la teoría de la solidaridad propuesta por Jan ASSMANN reduce y oscurece considerablemente el concepto de Maat por aplicar a Maat prejuicios modernos. Sin embargo al conservar el principio de intercambio y de circulación vigente en la sociedad egipcia, podemos, sin abandonar el concepto del orden cósmico, considerar que "la solidaridad comunicativa" puede estar en el centro de la Maat como ley de intercambio cósmico. Esta ley de intercambio fue subrayada por S. BICKEL[250] en su libro titulado: *La cosmogonie égyptienne avant le Nouvel Empire*:

"Como la vida y el aliento vital, Maat es un principio que se debe intercambiar en varios niveles: entre el creador y su hija Maat de una parte, y entre el creador, incluso los dioses en general, y el mundo creado por la otra... Esta noción de intercambio era para los antiguos egipcios de suma importancia para la comprensión del mundo. El culto divino, las concepciones mortuorias, pero también las relaciones sociales, estaban ancladas en este principio de reciprocidad."

Es el equilibrio de los intercambios lo que permite una buena circulación cósmica y el orden cósmico.

Contrariamente a lo que piensa Jan ASSMANN, no nos parece que esta circulación se relacione con una "solidaridad" en el sentido moderno. Simplemente la circulación de la Maat crea la armonía en el grupo humano, la estabilidad, la prosperidad, la felicidad, la abundancia y también la salud de un modo muy concreto.

Podemos concluir que a través del estudio de la evolución del entendimiento del concepto de Maat en egiptología, aparece muy claramente que la misma tiene poco que ver con nuestros conceptos modernos de verdad, de escucha, de solidaridad, de pecado, etcétera. También se debe rechazar totalmente el enfoque moderno positivo que emana de los trabajos de Bernadette MENU[251] sobre la relación entre Maat, Thot y el derecho. Según la autora, Maat sería la norma de esencia divina, y Thot sería el encargado de aplicar y de interpretar la norma.[252] "Hacer Maat" implicaría referirse al derecho, a hacer obra de jurisprudencia. Lejos de esta simpleza positivista, una concepción original de la justicia emana del Antiguo Egipto. Esta concepción de la justicia merece ser profundizada, porque tal como Internet, esta justicia se refiere principalmente a lo inmaterial. A pesar de que las informaciones específicas que se encuentran sobre la Maat sean abundantes, no podemos entender de pronto esta noción que no fue elucidada por los egiptólogos y por los historiadores de las religiones. El ahondamiento de esta noción es indispensable para clarificarla y encontrar su utilidad para el mundo de Internet. Con este propósito cabe entrar en el simbolismo egipcio y sobre todo cabe olvidar nuestra visión moderna del mundo.

CAPÍTULO 2

El símbolo como llave de acceso a un mundo pre-lógico

A través del estudio del concepto de Maat en el Egipto antiguo, hemos observado el error moderno que consiste en estudiar la Maat principalmente a través del análisis de textos escritos, en detrimento de las imágenes. Una imagen egipcia llamada por los egiptólogos "la escena de la psicostasia" (o el juicio de los muertos, o el peso del alma) es particularmente útil para entender lo que es la Maat. Es la única imagen, siempre repetida, que representa el principio de la justicia egipcia en acción. Antes de ver cómo y por qué la egiptología y la historia de las religiones no sacaron ningún partido de esta imagen, es importante explicar lo que el símbolo, en general, significaba para la civilización egipcia.

1: El Egipto un mundo de comunicación simbólica
Toda la civilización egipcia estaba centrada en la Maat. No faltan textos egipcios que hablan de la Maat, ni

análisis modernos sobre este concepto central. Lo que falta es nuestra capacidad para entender los vestigios del antiguo Egipto. Eso se debe principalmente a nuestra excesiva atracción hacia lo escrito en detrimento de las imágenes y de los símbolos. Tomar conciencia de la importancia del símbolo como medio de comunicación en un mundo pre-lógico, permite un mejor entendimiento de la idea de justicia egipcia. Al utilizar ambos, las imágenes y los textos, podremos entender con más precisión lo que era la justicia de los antiguos egipcios. Ellos fueron considerados como seres "pre-lógicos", "simples", "pre-filosóficos", o "preclásicos", en otras palabras no forman parte de la época axial[253] marcada por la filosofía racional de la Grecia antigua. El egiptólogo Jean YOYOTTE,[254] en un artículo titulado "El pensamiento pre-filosófico en Egipto" adopta la opinión dominante en egiptología y en historia de las religiones al demostrar que no existe en el Egipto antiguo un sistema filosófico racionalmente organizado como el que existía en Grecia.[255] Este autor subraya, por otro lado, que tampoco hay una lógica jurídica que se pueda comparar a la lógica jurídica del mundo moderno.[256] Basta mirar su escritura jeroglífica llena de colores, representando simbólicamente con imaginación y humor la realidad concreta, para tomar conciencia de que nuestra fría y abstracta racionalidad lógica era extraña a este pueblo. En el mundo pictórico egipcio, colorido, fantástico y lleno de vida, se pueden ver serpientes con piernas, ojos con alas o con piernas que indican el movimiento.[257] Sin olvidar los pájaros coloreados de la escritura egipcia. Según Erik HORNUNG, más de ochenta formas diferentes de pájaros figuran en la escritura egipcia en la época pre-tolemaica. Nos dice:

"Los autores medievales hablaban de la 'escritura de los pájaros' para referirse a los jeroglíficos".[258]

Los egipcios antiguos utilizaban preferentemente los símbolos para comunicar sus conocimientos.[259] Consideraban que los símbolos eran seres vivos.[260] Es por eso que a partir de cierta época, los egipcios empezaron a mutilar los dibujos de hombres y animales grabados sobre las paredes de las tumbas, para evitar que molestaran al difunto.[261] Los dibujos, como lo subraya Erik IVERSEN[262] eran sobre todo "cosas vivas, transmitían mensajes y poseían propósitos mágicos. Sólo secundariamente servían a la decoración." De un modo más general, a propósito de

133

las imágenes artísticas egipcias Erik IVERSEN subraya su carácter, sobre todo, de mensaje visual y no de mensaje verbal.[263] En el mundo moderno estamos acostumbrados a leer los signos utilizando nuestra racionalidad. La facultad de entender los símbolos está adormecida en la mayoría de los hombres. Hasta el punto que el hombre moderno aún no entiende sus propios símbolos oníricos. Los sueños parecen a la mayoría de los hombres modernos tan extraños, irracionales, incomprensibles que no le prestan mucha atención. Como lo plantea Beatrice L. GOFF, el símbolo a diferencia del signo significa mucho más que lo que representa y se refiere a elementos tales como: ideas, emociones, intuiciones y experiencias.[264] En otras palabras, podemos decir que para los que saben percibir los símbolos, estos son un conjunto de informaciones. En consecuencia los símbolos son un buen medio para registrar conocimientos secretos. El símbolo permite la comunicación en numerosos y diferentes niveles. Es decir que cada persona puede acceder a la información contenida en el símbolo según sus facultades de percepción intuitiva, y según su capacidad de recibir información en vez de proyectar sus propios pensamientos en los símbolos. Tal proyección impide entender los mensajes simbólicos.[265] Tal fue el error fundamental de los egiptólogos e historiadores de las religiones. En vez de mirar realmente la imagen que llamaron "la psicostasia" (o el juicio de los muertos) con una mente neutra y abierta, se dejaron influir por la "magia" de los textos mortuorios y proyectaron sus prejuicios modernos. Además, no podemos confiar en los textos mortuorios para entender la escena llamada de la psicostasia, y a través de ella el principio de la Maat. Además de nuestra obsesión moderna por los textos, tenemos otro defecto que nos impide percibir lo que era la civilización egipcia. De hecho, al pensar que sólo nuestra civilización posee un conocimiento científico válido y que el único modo de expresar este conocimiento es el que utilizamos, demostramos hasta que punto tenemos un espíritu poco abierto. Sin embargo, algunos egiptólogos establecieron la hipótesis que los egipcios utilizaban los símbolos como medio de comunicación científica.[266]

2: Ciencia y lenguaje simbólico en Egipto

Maat, en egiptología, fue traducida por verdad, justicia, orden, luz, alimento de los dioses, etcétera, y como dice Jan ASSMANN[267] la paráfrasis o la enumeración podría extenderse hasta formar un libro entero. Sin embargo es mejor entender cómo funciona Maat en vez de tratar de proponer una definición abstracta de la misma. Con este propósito necesitamos mirar la imagen de la psicostasia de modo más científico, y no con un enfoque ético, religioso o simplemente descriptivo a la manera de los arqueólogos. Sólo este enfoque permite unificar en un único concepto los numerosos aspectos de la Maat, percibidos por los egiptólogos e historiadores de las religiones. La información de tipo científico contenida en la imagen de la psicostasia, no se puede conseguir con la racionalidad clásica porque está formulada en un lenguaje simbólico que el hombre moderno generalmente no entiende. Sin embargo, ciertos egiptólogos e historiadores de las religiones ya se preguntaron cuestiones a propósito del aspecto científico de la civilización egipcia. Subrayaron el carácter científico de ciertos elementos de dicha civilización. Siegfried MORENZ piensa que Egipto tiene una escritura científico-mítica, y que en esta civilización, la ciencia y la religión se compenetran. El autor concluye que sin ser racionales como lo somos nosotros, los egipcios antiguos tenían conocimientos científicos expresados en un lenguaje mítico.[268] De hecho, estos conocimientos siempre pertenecieron en su opinión, al marco religioso. En otras palabras, para el autor, la ciencia era una materia religiosa. Philippe DERCHAIN, quien tradujo el papiro SALT[269] (sobre el ritual para la conservación de la vida en el Egipto tolemaico) no comparte enteramente esta opinión. El aclaró el carácter científico de lo que equivocándonos llamamos "religión egipcia". El autor plantea, de acuerdo con Alexandre PIANKOFF[270] que no había una religión en Egipto, sino una física. El autor cita como sigue a Alexandre PIANKOFF:

"Entonces no es posible hablar de religión en el sentido moderno, sino más bien, de una cosmología, de una verdadera física a la cual ninguno podía escapar, del mismo modo que hoy día ninguno puede escapar de las leyes de la termodinámica.[271]

El autor concluye que:

"Si es una física, debemos considerar la religión egipcia no como un conjunto de dogmas que se pueden aceptar o rechazar por un acto individual de adhesión..., sino como un conjunto de leyes constituyendo un sistema psicológico y filosófico tan práctico y necesario como, hoy en día, son para nosotros, las ciencias exactas".[272]

Philippe DERCHAIN propone un enfoque energético de la civilización egipcia. El no duda en "casi comparar" de acuerdo con Serge SAUNERON,[273] el templo egipcio con una central eléctrica. Y escribe:

"Se puede casi comparar el templo egipcio con una central donde diversas energías están convertidas en corriente eléctrica. O más exactamente, se puede comparar el templo con la sala de los aparatos de control de esta central, en donde, con los ligeros esfuerzos de los técnicos que manejan los conmutadores- se realiza la producción y la distribución de energía..."

Jean-Claude GOYON había, él también, en un contexto diferente, subrayado el papel de receptáculo desempeñado por los templos:

"Según estas concepciones, un templo de culto en el Imperio nuevo revela ser tanto un espacio funcionalmente repartido y ordenado para las liturgias como un receptáculo sagrado para mantener la presencia real y la vida divina."[274]

Pero, Philippe DERCHAIN va hasta el final de la lógica energética del templo, explicando también cómo los dioses egipcios aparecen como puntos donde se manifiestan [275] las fuerzas naturales, estimuladas mediante los rituales.[276] Los dioses, por ejemplo, deben regularmente ser recargados de energía en los templos.[277]

El interés manifestado en el Egipto antiguo por el aspecto energético del cosmos y del grupo humano, es obvio, especialmente su interés por la energía solar (Maat). Los egipcios antiguos, como lo revela una observación atenta de la escena de la psicostasia, se interesaban por las leyes de circulación de la energía solar, en el cosmos y entre los seres humanos. Sin embargo, los textos del antiguo Egipto están llenos de supersticiones que se agregaron a través del tiempo.

En consecuencia, estos textos no se pueden utilizar como se presentan en su totalidad, para nuestros fines. Conviene extraer la información pertinente. Por ejemplo, si bien compartimos la opinión de Philippe DERCHAIN, según la cual se puede casi comparar el templo egipcio a una central eléctrica, no es posible considerar todos los rituales como parte de la física egipcia. Con el transcurso del tiempo, numerosos elementos extraños a la física fueron agregados por los diversos poderes religiosos. En nuestra opinión el ritual que describe Jean-Claude

139

GOYON,[278] no contiene conocimientos científicos egipcios:

"La estatua, como un mortal, era criada, vestida, aderezada, untada. En cada hora de cada día prevista por el ritual se cumplían los servicios: después de despertarse y asearse, se sucedían las tres presentaciones de comidas."

De hecho, este ritual así descripto por el autor fue probablemente agregado con el propósito científico energético inicial pero nos parece ser una deformación ocurrida con el transcurso del tiempo. Este tipo de ritual, por ser tan rígido como enérgicamente inútil, contrasta mucho con el conocimiento egipcio de la circulación de la energía solar y con su interés por el aspecto inmaterial de la vida. Por eso nos parece obvio que el ritual de la conservación de la vida sólo contiene un recuerdo deformado y pobre de la verdadera ciencia física egipcia.

Según Philippe DERCHAIN, el propósito del ritual descrito en el papiro SALT, que se debía aplicar a la letra, era el siguiente:

"El efecto de estos ritos, como lo muestra el papiro, era conservar el orden cósmico y su continuidad. Gracias a ellos, el cielo no iba a caer sobre la tierra, el sol iba a continuar su trayecto en el cielo, el Nilo no se iba a secar. De no haber observado las prescripciones del texto, todas las catástrofes hubieran ocurrido."[279]

Por último, la información más importante que se puede sacar de estos rituales es el interés de los antiguos egipcios por la conservación de la energía vital y por la circulación de la energía en el cosmos. Este aspecto está en el centro también del concepto egipcio de la justicia. Al estar la mentalidad moderna totalmente centrada en el aspecto material de la vida, no es sorprendente que fuera imposible a los investigadores modernos entender el aspecto energético de la justicia egipcia y su principio de funcionamiento. El propósito de la justicia egipcia era muy diferente del propósito de la nuestra. Para los egipcios hacer justicia consistía en restablecer la correcta circulación de la energía solar, que existe en abundancia. La circulación correcta de la energía solar implicaba, según los egipcios: la afluencia, la prosperidad y la salud para todos (el sol resplandece para todos). Mientras la justicia egipcia ya se preocupaba por la dimensión energética de la vida, el interés moderno por lo que el psicólogo Karl Gustav JUNG llamaba "la energética psíquica" es reciente.[280] Los textos egipcios demuestran el gran interés de los mismos por el aspecto energético de la existencia,[281] tanto a nivel terrenal como en el plano cósmico. Este aspecto de la vida escapa casi totalmente a nuestra mente moderna que se preocupa esencialmente de lo material. Por eso, no es sorprendente que al estudiar la civilización egipcia con ojos modernos no sea posible distinguir los mensajes científicos contenidos en algunos vestigios de la civilización egipcia y especialmente en la escena de la psicostasia. Para entender mejor la civilización egipcia, se necesita tener más interés por la energía vital, por la vida. Esta vida que está tan olvidada en nuestra filosofía moderna de la justicia y del derecho. Sólo un enfoque energético del concepto de Maat puede permitir entender mejor la mentalidad egipcia a través de su idea de la justicia. Siendo Maat, un concepto clave de la civilización egipcia, aclararlo permite entender mucho más fácilmente numerosos aspectos de esta civilización y contestar a muchas preguntas relacionadas con él.

CAPÍTULO 3

Una visión más realista de la escena de la justicia egipcia

Antes de ver cómo la escena de la psicostasia fue considerada por los egiptólogos y por los historiadores de las religiones, conviene presentar *el Libro de los Muertos del Antiguo Egipto*, porque es principalmente a través de estos textos funerarios que la imagen de la justicia en acción llegó hasta el mundo moderno. Por el hecho de que esta escena llegó hasta nosotros a través de los textos funerarios, los investigadores se dejaron influir por ellos y no prestaron bastante atención a la imagen. De hecho, no la observaron realmente.

1: ¿Qué es el *Libro de los Muertos del Antiguo Egipto*?

El Libro de los Muertos del Antiguo Egipto no es un libro como lo indica su título. Esta denominación fue atribuida por los especialistas a un conjunto de diversos textos funerarios. Todos ellos fueron reunidos en una versión

143

casi exhaustiva, que fue dividida en capítulos. Según Claire LALOUETTE, el título egipcio de este conjunto es: "Fórmulas para subir al día",[282] o según otro autor:[283] "Salida del alma hacia la luz del día". El egiptólogo Guy RACHET escribe lo siguiente a propósito del origen del *Libro de los Muertos* y de su división en capítulos:

"... el egiptólogo alemán Karl Richard LEPSIUS (1810-1884) hizo una publicación de estos textos según un papiro de Turín, datado en la época tolemaica, que comportaba 165 fórmulas, y dio a esta publicación el título: *Todtenbuch* (libro de los muertos), que perduró. En su publicación, cada fórmula se correspondía con un capítulo. Desde esta época, el título y la división en capítulos fueron utilizados por todos los editores y traductores de esos textos".[284]

El autor subraya el carácter arbitrario de la división en capítulos del *Libro de los muertos*. En cuanto a Jean YOYOTTE, él considera que "los libros de los muertos son conjuntos de textos mágicos independientes..."[285] Según este mismo autor, inicialmente la imagen de la psicostasia estaba simultáneamente asociada al capítulo 30 sobre el alma, y al capítulo 125 sobre la declaración de inocencia. En las versiones más tardías la imagen se encuentra sólo en el capítulo 125, donde la escena en que

144

se pesa el alma y la del juicio, parecen haberse fusionado.[286] Según los papiros, la escena de la psicostasia, presenta numerosas diferencias, y Jean YOYOTTE subraya el carácter compuesto de la misma[287] en las versiones más recientes de este libro. A pesar de las numerosas traducciones de los libros *de los muertos del antiguo Egipcio*, a veces estos textos continúan siendo muy oscuros. Están teñidos de magia y de supersticiones que deben facilitar el pasaje del difunto al más allá y permitir superar los obstáculos. Como lo observa Henri FRANKFORT, en el transcurso de la larga historia egipcia, estos obstáculos, a causa del temor,[288] se hacen cada vez más numerosos y terroríficos. Las fórmulas mágicas contenidas en el capítulo 125 sirven para declarar la inocencia del difunto, en apariencia, cualquiera que haya sido su conducta moral en la vida. El capítulo 30 está titulado: "fórmulas para hacer que el corazón de un hombre no se oponga a él en el mundo subterráneo". La magia, que borra las faltas morales de la época, está tan presente en estos textos que los egipcios antiguos podrían ser fácilmente acusados de fariseos (hipocresía), como lo observa Etienne DRIOTON. Y con referencia a los textos sapienciales, plantea sin embargo que *el Libro de los*

Muertos no representa la mentalidad de todo el pueblo egipcio.[289] Las numerosas fórmulas mágicas del *Libro de los Muertos*, junto al carácter compuesto de este libro, la falta de concordancia a veces observada entre el texto y los detalles de las viñetas,[290] y el hecho de que la escena de la psicostasia fue simultáneamente asociada al capítulo 30 sobre el corazón y al capítulo 125 sobre la declaración de inocencia,[291] hacen del *Libro de los Muertos* una referencia en la que no se puede confiar totalmente. Eso lo admiten generalmente los egiptólogos e historiadores de las religiones. Sin embargo, ellos nunca consideraron y describieron la escena de la psicostasia sin referirse al capítulo 125 y a las ideas de tribunal, de castigo, de pecado, etcétera, que contiene. Eso lo hace también Jean YOYOTTE, que hizo el estudio más profundo sobre el "juicio de los muertos". El autor piensa que la escena donde se pesa el alma era inicialmente distinta de la escena del tribunal. Según él, es posible que en el transcurso de la historia, las dos escenas hubieran sido reunidas en una sola.[292] Por su carácter compuesto, y sus propósitos mágicos, el *Libro de los Muertos* no parece ser el mejor medio para entender la escena de la psicostasia. La comunicación por las imágenes y los símbolos tiene tanta importancia en la civilización egipcia que se necesita prestar a dicha escena, toda la atención que merece. También se necesita adoptar una visión tan pre-lógica como sea posible. Para los egipcios antiguos el dibujo y la escritura eran sagrados,[293] el conocimiento no era accesible a todos sino protegido por el secreto.[294] Los dibujantes no tenían libertad artística, debían ajustarse a reglas estrictas bajo el control de los sacerdotes.[295] La imagen de la psicostasia, que representa la Maat en acción, contiene de hecho la información menos influida por la evolución de la mente egipcia y por los intereses cambiantes de los diferentes poderes religiosos y mágicos que se sucedieron en el transcurso de su larga historia.[296]

Como ya lo hemos observado, los investigadores no sacaron partido de la imagen simbólica de la justicia en acción. Se centraron principalmente en el análisis de los textos. Bajo la influencia de estos textos no pudieron percibir el mensaje de la imagen de la psicostasia y mirarla con ojos nuevos. Como ejemplos de esta actitud tan extraña al mundo pre-lógico, podemos citar a Jan ASSMANN, quien hizo investigaciones interesantes sobre el concepto de Maat y quien escribe a propósito de su método de trabajo:

"Hasta la fecha siempre se supuso que el estudio profundo de la Maat sólo puede basarse en una recopilación exhaustiva de referencias. Y como hay millares de referencias, nadie se encargó de tal estudio. Además se suponía que se debía empezar con la etimología de la palabra y con el sentido del jeroglífico de Maat para encontrar el centro de su significación. Pero todo eso no llegó a nada, porque los egipcios parecen haber olvidado la etimología. En consecuencia no me ocuparé ni de la etimología ni de la escritura de Maat que, en mi opinión, pertenecen más a la periferia, sino de los textos en los cuales Maat es el tema central."[297] (sin embargo, aunque de modo secundario, el autor describe la escena de la psicostasia).

En cuanto a Jean YOYOTTE, es con un espíritu decididamente científico que estudia el concepto de Maat. Escribe:

"El asunto de Maat merecerá ser esclarecido en todas sus incidencias, por el estudio estadístico de las fuentes, teniendo en cuenta las épocas y los contextos".[298]

El análisis de discursos y la utilización de estadísticas constituyen una actitud muy moderna y muy universitaria de acceso a informaciones, que ignora todas las otras posibilidades de ofertas al cerebro humano para acceder a informaciones y especialmente las imágenes y los símbolos. Sin embargo, es a través de las imágenes, grabadas en la piedra o pintadas sobre los papiros que Egipto nos ha transmitido sus más permanentes mensajes. Mirar mejor a las imágenes egipcias, permite también superar la actitud demasiado racional de la mente moderna. Con las imágenes es posible recuperar espontaneidad, y una actitud más cercana al espíritu "prelógico" del Egipto antiguo. Pero, como lo veremos a través las descripciones de la psicostasia, realizadas por los egiptólogos e historiadores de las religiones, es difícil al hombre moderno escapar a la influencia de los textos para ver con sus propios ojos las imágenes y recibir sus mensajes a través de su simbolismo. Erik HORNUNG, a pesar de que invita a prestar más atención a las imágenes egipcias, no escapa él tampoco, a este defecto de una modernidad demasiado intelectual e insuficientemente sensible. En el primer capítulo de su libro: *L'esprit du temps des Pharaons*, Erik HORNUNG considera que la imagen (jeroglífica o no) al igual que la palabra, es una llave de comprensión del mundo egipcio.[299] El autor explica cómo cada color utilizado en las imágenes y en los jeroglíficos tiene su propia significación. Escribe[300]: "Los jeroglíficos no son puras grafías, además reflejan la realidad y comparten sus colores." y más adelante: "El color expresa algún aspecto de la esencia de las cosas, puede aún ser usado en el idioma egipcio como sinónimo de 'esencia' o de 'carácter'."[301] El autor observa que no se presta bastante atención a las imágenes en el campo de la egiptología.[302] El autor concluye que:

"Para develar el universo espiritual de Egipto, leer y entender los textos no basta, además se necesita descifrar las imágenes".[303]

A pesar de su conciencia de la importancia de la iconografía, él tampoco prestó bastante atención a la imagen de la psicostasia en su estudio sobre la Maat.[304] Tal como numerosos otros autores, en vez de observar con ojos nuevos la escena llamada el "juicio de los muertos", se contentó con una descripción superficial y fuertemente inspirada por los textos del *Libro de los Muertos*.

2: La escena de la psicostasia descrita por egiptólogos e historiadores de las religiones
He aquí cómo la escena que nos interesa fue descrita por los egiptólogos e historiadores de las religiones que la llamaron también: "el juicio del difunto" o "pesar al

corazón".

2.1: La descripción de Alexandre MORET

Es principalmente bajo la forma de un tribunal que
Alexandre MORET evoca la escena al escribir en su libro
Le Nil et la civilisation égyptienne, lo siguiente:

"Desde la dinastía XVIII, encontramos en los papiros,
colocados sobre cada cadáver, los capítulos de lo que
llamamos 'libro de los muertos'. Estos preparan al difunto
a comparecer delante del tribunal de Ra (que más tarde se
transformará en el tribunal de Osiris), donde la balanza del
dios pesará su conciencia y sus acciones. Así, cada uno
posee los rituales necesarios para entrar en la vida
divina."[305]

En su artículo consagrado a "La doctrina de Maat",[306] el
autor se basa sobre los textos y no describe la escena de la
psicostasia. Es en un artículo, más específico sobre el
juicio del difunto,[307] que el autor da la siguiente
descripción de este juicio:

"En el marco de los muertos, había una sala de la doble
justicia donde el difunto era juzgado por un tribunal
compuesto de 42 divinidades y de un juez supremo:
Osiris. La atención de todos se enfocaba en una balanza
divina desde la cual el dios Thot vigilaba cómo se pesaba
al alma. En uno de los platillos, estaba colocado el
corazón del difunto, es decir su conciencia, pesada o

151

ligera de faltas; en el otro platillo, se colocaba la verdad, bajo la forma de una figurilla de la diosa Maat, o de una pluma (dibujo de la pluma), que es el jeroglífico de la diosa. Se necesitaba que el peso del alma estuviera en equilibrio con el peso de la verdad: entonces la justificación que el difunto hacía de su conducta era considerada como verdadera. Thot y Osiris verificaban el equilibrio necesario. Habiendo constatado este resultado, pronunciaban la admisión del difunto al paraíso. En el caso contrario, el difunto estaba condenado a los suplicios infernales. Así era el juicio típico de un difunto."

2.2: La descripción de Siegfried. MORENZ

En su libro *Egyptian religion*, Siegfried MORENZ[308] se interroga a propósito del concepto de Maat. En el marco de esta investigación, el autor habla de la escena del "juicio de los muertos" y subraya el hecho de que Maat es la "medida con la que se juzga al hombre".[309] El explica que por el carácter mágico del capítulo 125 del *libro de los muertos*,[310] y por el hecho de que realmente no se escucha hablar al difunto,[311] él se basó sobre la viñeta nombrada "juicio de los muertos" para tratar de entender el concepto de Maat. El autor describe esta viñeta como una escena del tribunal encargado de juzgar al difunto desde un punto de vista ético. Esta es su descripción de la viñeta que acompaña el capítulo 125 del *Libro de los Muertos*:

"Aquí las viñetas que acompañan el texto (y cuyos detalles varían) muestran que el corazón del difunto, considerado como el centro de la inteligencia y de la voluntad así que como el centro vital del cuerpo físico, es pesado sobre la balanza frente el símbolo de Maat (usualmente representada por una pluma). Maat sirve de categoría ética. Anubis... es el maestro de la balanza, y quien controla el peso. El escriba Thot anota el veredicto y lo anuncia. Si el juicio es desfavorable, el pecador se vuelve la presa de la 'devoradora'...un monstruo híbrido..."[312]

Al leer esta descripción se puede constatar que el autor no la miró con ojos nuevos, sino simplemente proyectó sobre la escena las nociones de ética, de pecado y de tribunal que no existen en la escena. A pesar de su sentimiento que más vale basarse sobre las imágenes porque son más fiables que los textos esencialmente mágicos, el autor no tiene en cuenta realmente estas imágenes. Por lo contrario, está bajo la influencia de estos textos. ¿Tienen estos textos una fuerza tan mágica?

2.3: <u>La descripción de Etienne. DRIOTON</u>

En su artículo titulado: "El juicio de las almas en el Egipto antiguo",[313] el autor describe así la escena de la psicostasia:

153

"En las viñetas más detalladas, Osiris ocupa un peldaño en el fondo de una sala bajo un baldaquín real con columnas, auxiliado por Isis y Neftis y rodeado de cuarenta y dos asesores.[314] Al otro lado de la sala, el difunto está introducido por Anubis con cabeza de chacal, psicopompo o conductor y guía de las almas. Una balanza está en el centro de la sala. El alma del difunto está representada sobre uno de los platillos. Sobre el otro platillo hay una imagen o un símbolo de la diosa-justicia Maat. Anubis vigila el peso, y Thot a la cabeza de Ibis registra el resultado sobre su paleta. Un monstruo parecido a un hipopótamo: la Devoradora, acuclillado cerca de la balanza, espera que el condenado le sea entregado. El justificado supera esta etapa y avanza hacia Osiris conducido por Horus."

2.4: La descripción de Jean YOYOTTE

Jean YOYOTTE escribió uno de los artículos más detallados sobre el juicio de los muertos[315] en el cual trata de saber cuándo y cómo surgió la idea de que dios juzgara a los difuntos. El autor describe así lo que llama "el drama de pesar al corazón":

"El difunto avanza, ligeramente encorvado, como aquellos que, en este mundo, comparecen ante el oficio del gran juez... el corazón del muerto está colocado sobre un platillo de la balanza; sobre el otro se encuentra la ligera diosa Maat, que la imaginería simboliza con una pluma, con un lindo ídolo o con un ojo. El empleado en la balanza, Anubis, levanta el brazo, para parar lo más

154

pronto posible la vacilación del peso y la oscilación del astil. Logrado el equilibrio, el dios-perro hace una señal a Thot. A veces mono, a veces hombre con cabeza de Ibis. El dios escriba toma su paleta a fin de anotar el veredicto del instrumento. La "gran devoradora".. torna con hambre su rostro...hacia el escriba..."

2.5: La descripción de Jan ASSMANN [316]

Jan ASSMANN insiste sobre el hecho de que la escena del juicio del difunto contiene una idea de pasaje.[317] El autor se basa principalmente sobre "la forma definitiva" de los capítulos 30 y 125 del Libro de los Muertos en el Imperio nuevo (es decir los textos más recientes, imbuidos de magia y donde el concepto de Maat está muy deteriorado). El autor explica al respecto, que el concepto de Maat "se extendió hacia una moral profesional sacerdotal".[318] Con la noción de tabú divino, desempeñando el papel principal..." y describe muy brevemente la viñeta que representa la escena del juicio de los muertos. El autor piensa que ésta es un "rito iniciático según el modelo de la iniciación sacerdotal"[319] y que sirve también para purificar al difunto de sus pecados.[320] Describe brevemente, como sigue, la escena de la psicostasia:

"Es el corazón, el que es pesado sobre la balanza enfrentando al símbolo de la Maat: la pluma que está sobre el segundo platillo. Siendo la pluma la materia más ligera, todo depende en consecuencia de la ligereza del corazón. El equilibrio perfecto es el mejor resultado; los pecados hacen pesado al corazón. Mientras éste es pesado sobre la balanza, el Ba[321] del hombre actúa como un testigo. Anubis maneja la balanza, Thot consigna el resultado. Cerca de la balanza está la 'gran devoradora', un monstruo que, en caso de desequilibrio, está encargado de la eliminación del acusado."[322]

Como se puede ver a través de todos estos ejemplos, los especialistas no observaron la imagen. En cambio se basaron principalmente sobre el capítulo 125 del *Libro de los Muertos* y proyectaron sus ideas preconcebidas (éticas, jurídicas y morales). Con una actitud que vamos a criticar más detalladamente y que les impidió entender esta imagen.

3: ¡Observemos realmente la imagen!

3.1: Crítica de las descripciones precedentes y de la actitud de los especialistas

El hecho de titular la imagen con títulos tales como: "el juicio del difunto", "la psicostasia", o también "el peso del corazón" ya limita el marco de la reflexión. De hecho, los títulos dados a la escena, centran el pensamiento sobre las ideas de juicio, de muertos, de ética y de medida de las almas. Sin embargo, simplemente al mirar la imagen, se ve que no representa un juicio en el sentido moderno. En cuanto al muerto, aparece bien vivo, no hay ningún muerto representado en la viñeta. De hecho no es una escena de muerte, sino una escena de vida. Como lo explicaremos más detalladamente esta imagen simboliza un proceso vital, y no un juicio de los muertos.

Los especialistas cometieron un grave error al proyectar sobre la imagen del corazón nuestras concepciones modernas de la conciencia, de la pureza y de la ética, que realmente no se pueden ver en la escena.[323] Estas concepciones son demasiado abstractas con respecto a la mentalidad concreta de los egipcios antiguos. Proyectar sobre la imagen egipcia del corazón nuestra concepción moderna, no es válido. Con respecto al corazón, en el Egipto antiguo hay cosas fundamentales y concretas a observar, como lo veremos más adelante. Por otro lado, los especialistas no se preguntan si la balanza puede simbolizar algo diferente de un instrumento para pesar. Con respecto a la idea que la balanza sirve "para pesar el corazón", debemos mencionar que esta interpretación es muy moderna y que proviene de una visión materialista del mundo y del símbolo de la balanza. Con este propósito la expresión egipcia: "Debes ser como una balanza" no se puede entender desde un punto de vista materialista. Como en el mundo moderno la balanza es instrumento para el comercio, y sirve para pesar, los especialistas han proyectado naturalmente esta concepción de la balanza sobre la escena de la psicostasia, y han pensado que se pesaba al corazón. Se olvidaron totalmente que la balanza también simboliza el intercambio. Antes de ser un instrumento para facilitar los intercambios comerciales, la balanza es el símbolo cósmico por excelencia. La balanza es el símbolo de la circulación equilibrada de las energías cósmicas. No es con el enfoque materialista de la balanza que podemos entender textos egipcios como el que pide a un hombre no decir mentiras y ser como una balanza.[324] Sin embargo se puede entender cambiando nuestra visión del símbolo de la balanza. De todas maneras, al mirar simplemente la imagen, estamos obligados a constatar que no se trata de "pesar". Lo esencial del mensaje está lejos del pesar y mucho más próximo a un intercambio. En consecuencia proponemos mirar realmente a la escena de la "justicia en acción" y de "escuchar" lo que simboliza, en vez de proyectar nuestros prejuicios y de dejarnos influir por la literatura mágica con la que llegó hasta nosotros. Henri FRANKFORT alerta contra esta literatura[325] teñida por el temor a la muerte.[326] El autor critica, por otro lado, a los egiptólogos que piensan que se pueden deducir del juicio de los muertos las preocupaciones éticas de los antiguos egipcios. Según Henri FRANKFORT, no se debería dar tanta importancia a esta literatura mortuoria y ponerla al mismo nivel que la preocupación egipcia por la justicia.[327] Efectúa la siguiente comparación, llena de buen sentido:

"No es sorprendente que quienes abordan la religión egipcia a partir de estas adaptaciones, y quienes se apoyan sobre los textos escritos para la parte menos evolucionada de la población, concluyan que las creencias egipcias que se refieren al más allá no tienen sentido. Pero al hacerlo así, actúan como una persona que juzgara nuestro presente conocimiento astronómico a través del estudio de los horóscopos publicados en los periódicos."[328]

Vamos ahora a describir la más famosa escena de la psicostasia sin dejarnos influir por los textos que la acompañan. Sin embargo en un segundo etapa utilizaremos la literatura mortuoria para buscar en ella todas las informaciones relevantes que se refieran al

159

corazón y a su funcionamiento.

3.2: Una real descripción de la escena

La escena que vamos a describir es la de la viñeta del libro
de los muertos de HUNEFER, quien vivió al rededor de
1310 A.C. La escena de la psicostasia, toda o en parte,
aparece en los numerosos libros consagrados a Egipto y es
muy fácil al lector encontrarla. He aquí nuestro dibujo
inspirado del papiro de HUNEFER.

La imagen original se puede ver en los sitios:
www.siloam.net/rostau/ newgiza/entrance.html;
www.guardians.net/hawass/ tomb_of_iuf-aa.htm;
http://web.ukonline.co.uk/gavin.egypt.*

Esta imagen muestra un hombre vestido de blanco (los egiptólogos dicen que es así como los egipcios representan al difunto después de su muerte)[329] tomado por la mano por un ser con cabeza de animal (es del dios Anubis[330]) llevando una cruz Ankh (cruz ansata).[331] Estos dos personajes avanzan hacia una balanza, cuya posición central en la imagen atrae mucho la atención. La describiremos después más detalladamente. Abajo de la balanza, podemos ver de nuevo al mismo dios Anubis, acuclillado y arreglando la balanza y a un animal con un cuerpo sin armonía compuesto de diferentes partes de animales (llamado la "gran devoradora").[332] El cuerpo de este animal está de frente al difunto que llega, mientras que sólo su cabeza gira acompañando el movimiento del difunto que termina de pasar. La doble imagen del dios Anubis en primer lugar de pie, conduciendo al difunto por la mano, y en segundo lugar acuclillado, arreglando la balanza - y la postura de la cabeza de la "gran devoradora" evocan, de modo obvio, el movimiento, el pasaje, la circulación del difunto. La escena sugiere un enlace obvio entre el principio del equilibrio de la balanza y la apertura de un pasaje hacia la vida para el difunto. Por lo contrario, la escena sugiere también una relación obvia entre el desequilibrio de la balanza y el cierre del pasaje hacia la vida, que significa una segunda muerte. Un ser con cabeza de Ibis: el dios Thot[333] consigna el resultado de la prueba de la balanza, lo que muestra muy claramente que no se trata de un juicio y que no estamos ante un tribunal. La balanza siempre dice la verdad sin que se necesite ningún tipo de intervención. Se trata de una ley cósmica automática universal y no de un juicio.

Es esta ley a la que representa de hecho, la imagen. La postura central de la balanza no es pura casualidad. Es la balanza lo que más importa. Por su acción precisa y mecánica que no permite trampas,[334] la balanza permite o no, el pasaje del difunto hacia otra forma de vida. En este sentido, ella es el instrumento de la verdad, y podemos observar en su cúspide, la cabeza de Maat (o en otras imágenes, sólo su pluma). Se trata de un funcionamiento automático de leyes naturales. Otro ser con cabeza de pájaro,[335] llevando en la mano una cruz Ankh, símbolo de vida, con una señal de la mano, abre el camino al difunto hacia el dios Osiris quien está sentado sobre un trono, listo para recibirlo.

Central en la imagen: una balanza, con los platillos en equilibrio representa, sin dudas, la Maat en acción. En el papiro de HUNEFER, la diosa Maat está en la parte superior de la balanza (su cabeza), y también está sobre un platillo, representada bajo la forma de una pluma blanca. Este tema central no varia mucho de una representación a otra, sólo cambian los detalles mínimos.[336] Por eso este tema brinda el conocimiento más antiguo y permanente de Egipto. Miremos bien. ¿Qué se encuentra sobre cada platillo de la balanza? Reflexionemos lo que pasa realmente tratando de ser tan concretos y naturales como los antiguos egipcios. Sobre uno de los platillos, podemos ver un vaso representando el corazón del difunto.[337] Sobre el otro platillo hay una pluma blanca, que representa Maat. Al mirar la escena de modo realista, se debe admitir:

- de modo puramente concreto: una pluma de un lado y un corazón en un vaso del otro no pueden lograr el equilibrio que muestra la imagen, porque la pluma es mucho más liviana.[338]

- desde un punto de vista abstracto: un ser humano no puede "tener el mismo peso" que una diosa.

En consecuencia el propósito de esta imagen no es presentar la acción de pesar, sino algo diferente. El pequeño tamaño de los objetos colocados sobre los platillos en contraste con el gran tamaño de la balanza sugiere que el mensaje principal se refiere al principio del equilibrio permitido por la balanza. ¿Pero de qué equilibrio se trata? Miremos de nuevo los platillos. ¿No es el corazón[339] sobre todo y concretamente, el órgano de la circulación? Sabemos hasta que punto a los egipcios les gustaba lo concreto[340] y su representación.[341] La pluma, en cambio, evoca al pájaro. Al poder volar del cielo hacia la tierra y de la tierra hacia el cielo, el pájaro simboliza la luz o la energía solar.[342] Por su ligereza, la pluma simboliza una energía inmaterial y por su color blanco evoca la luz solar.[343] La pluma, que evoca a los pájaros, animales libres que pueden viajar por el aire de la tierra al cielo y del cielo a la tierra, representa simbólicamente la energía cósmica. Tal como los pájaros, la energía cósmica circula libremente sobre la tierra y en los aires. El hecho de que la pluma blanca y el corazón se encuentren ambos en la balanza significa que estos dos elementos están vinculados. En otras palabras, la escena sugiere que el corazón tiene algo que ver con la energía cósmica representada por la pluma blanca. De hecho, el corazón es el órgano que alberga y capta a la Maat y debe hacerla circular para conservar el equilibrio, a la vez, del hombre (microcosmos), y del universo (macrocosmos). Es gracias a este equilibrio que la vida puede circular y propagarse.

Por otro lado, se debe observar que la representación del corazón en un vaso sugiere el carácter de recipiente de este órgano, un órgano en el cual se puede verter y a partir del cual se puede verter. Al mirar realmente la imagen sin proyectar nuestras concepciones modernas se puede concluir que la escena representa simbólica y sintéticamente el principio cósmico de la circulación de la energía solar que interesaba tanto a los antiguos egipcios. Demasiado materialista, el mundo moderno parece haber olvidado que la balanza[344] es sobre todo, el símbolo del intercambio. En Egipto, se trata precisamente del símbolo cósmico del intercambio de la Maat, es decir de la energía solar. El Egipto arcaico parecía poseer un conocimiento preciso del modo de circulación de la energía cósmica. Eso se puede ver especialmente por la aplicación de este conocimiento en el campo de la justicia. Los egipcios antiguos prestaban suma atención al mundo de lo vivo y al hecho de que todo lo que vive en el universo -y según ellos hasta el más pequeño gusanillo- forma parte de la circulación de la energía cósmica. Se puede deducir de una lectura adecuada de esta imagen que el corazón humano desempeña un papel en la circulación energética en el plano terrenal y en el cósmico. Esta deducción es, como lo veremos más adelante, claramente corroborada a la vez, por el más antiguo texto de filosofía egipcia (el Texto de teología Memfite), por numerosos otros textos sapienciales, y también por pasajes del *Libro de los Muertos* que se refieren al funcionamiento del corazón en relación con Maat.

De la observación profunda de esta imagen, podemos afirmar lo siguiente:

a) El simbolismo central de la escena llamada el "juicio de los muertos" no se refiere a consideraciones éticas[345] (sólo el texto de las confesiones negativas lleva tales consideraciones pero no la imagen que lo acompaña).[346]

b) Por cierto, no se trata aquí de una ética abstracta sino de la representación de una ley natural físico-mecánica, y cósmica. No hay un tribunal en el sentido moderno, porque nadie juzga al difunto, mientras sólo la balanza por su funcionamiento automático revela el estado del corazón del difunto. Más precisamente, revela si este corazón deja circular la vida.

c) Al permitir la circulación de Maat, el corazón permite que los dos platillos de la balanza estén en equilibrio. Tal equilibrio abre al difunto el pasaje hacia más vida. Por el contrario, un corazón cerrado a Maat, es decir que no deja circular la energía, impide lograr el equilibrio, provoca desorden, y finalmente la muerte por falta de energía vital.

d) En la escena, los personajes no juzgan nada, sólo observan el resultado de la balanza. Por su visión demasiado materialista de la balanza, los especialistas olvidan a menudo, que ella antes de ser un instrumento para pesar, es el medio y el símbolo por excelencia del intercambio, es decir también de la circulación.

e) Hay probablemente mucha más información en esta única imagen y en otras imágenes egipcias. De saber observarlas de modo profundo, a la vez científico, concreto e intuitivo, los investigadores podrían sacar más partido de las imágenes que de los textos cuya traducción es bastante difícil. Además, la interpretación correcta de las imágenes permitiría ganar tiempo al traducir los textos y la traducción sería perfeccionada.

Las informaciones descubiertas a través de la observación profunda de esta imagen que pueden ser útiles en el marco de Internet son las siguientes:

Ley del equilibrio: El equilibrio permite la circulación de la energía cósmica (una energía inmaterial) y la expansión de la vida (expansión que implica también el bienestar, la felicidad, la buena salud, la libertad y la prosperidad).[347] La buena circulación de la energía (es decir de Maat, energía solar) a través del corazón, permite lograr este equilibrio. En consecuencia, es muy importante para entender bien el mensaje de la escena de la psicostasia, saber lo que significaba realmente Maat para los egipcios antiguos, y entender cómo consideraban al corazón. A partir de la imagen de la psicostasia (o juicio de los muertos), hemos deducido que Maat es una energía solar y cósmica. Vamos a ver ahora cómo los egiptólogos y los historiadores de las religiones han definido la Maat.

CAPÍTULO 4

Una justicia que aclara la civilización egipcia

Jan ASSMANN[348] escribió que entender el concepto de Maat sería una llave de comprensión del mundo egipcio antiguo. Sin embargo, es una de las nociones más difíciles de entender para los espíritus modernos, esencialmente porque:

a) Tratamos de acercarnos a Maat con conceptos del mundo jurídico moderno, mientras que, como lo subrayó Eric HORNUNG, parece que en ninguna lengua jurídica existe una palabra relacionada con la justicia, y que se corresponda con Maat.[349] Este autor como muchos otros, piensa que los egipcios no han dado una definición clara de Maat. Pero se puede observar, a través de los textos y especialmente de los de los rituales de la ofrenda de la Maat, que si los egipcios no han definido la justicia en el sentido moderno, sin embargo, han dado claras definiciones de ella.

169

b) Tenemos en el mundo moderno la costumbre intelectual de reflexionar sobre las grandes cuestiones, dividiéndolas en pequeños problemas y en especializaciones. De hecho, es imposible entender el concepto egipcio de la Maat, con tal postura. Para comprenderla se necesita una visión global, en la medida en que en el Egipto antiguo todo estaba integrado: lo social, lo jurídico, lo económico, lo religioso, lo científico.[350] En otras palabras, para entender lo que es la Maat, no se la puede estudiar de modo aislado. Especialmente, al estudiarla, se debe incluir el estudio del papel de su compañero en la balanza: el corazón. Los textos pueden ayudar a entender mejor la Maat, si sabemos elegir en ellos los elementos útiles. Estos están principalmente relacionados con el funcionamiento del cuerpo humano, y el papel que juega el corazón con respecto a la Maat. La literatura egipcia no se puede utilizar como la literatura moderna, porque no tiene homogeneidad de pertinencia.[351] Toda la literatura egipcia contiene a veces mezcladas en un mismo texto, o en una misma frase, informaciones de desigual valor[352] y sapiencia, y de diferentes épocas. Además, como lo subrayó Jean YOYOTTE, está influenciada por diferentes corrientes filosóficas. Alexandre MORET subrayó que la facultad de conservar las cosas y las ideas era un rasgo característico de Egipto. Tal como la tierra egipcia,[353] sus pobladores conservaban el pasado mezclado con su presente.[354] A los escribas egipcios, les gustaba afirmar que habían sacado partido de fuentes muy antiguas.[355] Estas observaciones se verifican particularmente, en los textos sapienciales y sobre todo en el *Libro de los muertos*. Este libro se inspira en textos anteriores y especialmente en los llamados Textos de las pirámides.[356] Con el transcurso del tiempo el *Libro de los muertos* se llenó cada vez más de miedo a la muerte y al pasaje hacia el más allá.[357] En consecuencia, conviene trabajar con éstos textos de otra manera que la que utilizamos con los modernos. Los podemos emplear eligiendo en su contenido las informaciones relacionadas a la vez al sol, a la Maat y al funcionamiento del cuerpo humano y más precisamente del corazón.

Utilizar la imagen de la psicostasia y cambiar nuestra actitud frente a los textos egipcios, permitirá hacer de Maat una llave de comprensión del mundo egipcio y también de encontrar la coherencia que falta a propósito de la concepción egipcia de la justicia. A fin de entender lo que era la justicia egipcia, hemos buscado a través de la literatura egipcia, todas las informaciones útiles a la comprensión del concepto de Maat. Las informaciones sobre Maat fueron traducidas hace mucho tiempo por los egiptólogos, y la mayoría del tiempo, de modo bastante adecuado. Sin embargo, nadie hizo un conjunto coherente de todas estas informaciones dispersas. Los especialistas no pudieron lograr al entendimiento completo de Maat porque por una parte estudiaron Maat separada de los elementos útiles a su comprensión (el funcionamiento del corazón especialmente); y por la otra, no pudieron refrenar su proyección de nuestras ideas modernas en el mundo egipcio. Citaremos en las notas, las referencias de los textos en los cuales hemos encontrado informaciones interesantes para entender mejor lo que es la Maat. Estas informaciones permiten contestar a las preguntas que siguen:

-¿Qué es la Maat, cuál es su opuesto?

-¿Cómo produce efectos positivos la circulación de Maat y cómo circula ésta en la sociedad humana?

- ¿Cuáles son los obstáculos a la circulación de Maat en la sociedad humana?

-¿Por qué Maat permite entender el principio de integración de todas las esferas de la vida en Egipto?

- ¿Por qué Maat no es toda la justicia, si bien junto al corazón, es su parte esencial?

1: ¿Qué es Maat, qué es lo contrario de Maat?

Maat, como todos los textos lo dicen, es una energía cósmica que llega hasta el hombre por intermedio del sol,[358] de los dioses y también del faraón. Aún en los nombres de los faraones se pueden encontrar definiciones de Maat. Por ejemplo, Ramsés II se llamaba también: Ousermaatre-Setepenre, lo que significa "Maat es la fuerza de Re, el elegido de Re".[359]

Esta energía cósmica manifestada bajo la forma de la luz[360] o de la potencia[361] en el plano humano, se traduce también en felicidad, buena salud, fuerza, vida,[362] prosperidad, estabilidad, horizontalidad, rectitud,[363] equilibrio y armonía. Un pasaje del llamado Texto de los sarcófagos afirma claramente que la Maat es la vida.[364] Maat puede ser también entendida a través de su contrario y a través de las consecuencias de su ausencia.[365] Sin Maat se encuentran la oscuridad, el desorden, la falta de vitalidad, la miseria, la enfermedad, la destrucción, la muerte. *Isfet*[366] es lo contrario de Maat. Esta palabra egipcia fue a menudo traducida por "caos". Pero al igual que el concepto de Maat, es difícil traducir *Isfet*. En consecuencia, numerosas traducciones aproximadas fueron propuestas. Esto lo subrayó Eric HORNUNG al escribir que:

"*Isfet* es una palabra oscura que significa algo como injusticia, desorden, desatino". "Se encuentra también *gereg* que significa 'mentira' y *chab*, que significa 'lo que está torcido'. Comparada al concepto de Isfet, Maat aparece como: justicia, autenticidad, exactitud, orden, rectitud."[367]

En cuanto a Jean YOYOTTE, escribe:

"Más o menos teñida de conformismo político y social, la ética egipcia consiste en que el individuo actúe de acuerdo con Maat, en todos los planos. El hombre justo, el hombre de bien, el hombre feliz en el más allá, se llamará *maati*, 'el que es de Maat'; el hombre 'inicuo', rebelde a su rey, el sacrílego, el perturbador que atenta contra el orden fundamental de las cosas es el *isefety*, que viene de la palabra *isfet* que designa al que atenta contra Maat y se puede traducir por 'desorden'."[368]

Sabemos gracias a numerosos textos, que Maat arruina a los enemigos de Re[369] y que el enemigo de Re es la oscuridad.[370] Al traducir Maat por la luz que crea la vida, es fácil reconocer en "isfet" la oscuridad que lleva a la muerte y es fácil entender mejor por qué en la escritura jeroglífica el dibujo del disco solar negro significa el no ser.[371] También es fácil entender por qué no se ofrecía la Maat al dios de la guerra.[372] Un pasaje del himno a Khnum asimila la luz a la vida.[373] Al plan cósmico, la circulación de Maat da lugar al equilibrio cósmico. Según los egipcios la "estabilidad" de Re (el sol)[374] en el cielo, es un elemento importante de este equilibro. Maat es la energía que alimenta todo el Cosmos. Maat alimenta al sol, que también la respira,[375] Maat alimenta a todos los dioses, lo que puede explicar la escritura jeroglífica de Maat (⬛) que evoca la base y la horizontalidad.

2: Los efectos positivos de Maat a través de su circulación

Para producir sus consecuencias benéficas, la Maat debe circular libremente. Por eso el ritual faraónico de la ofrenda de la Maat al sol es muy importante. Se trata para el faraón, de mantener la circulación cósmica, devolviendo al sol la Maat que ha recibido con su corazón y que le viene del sol. Es con este ritual que el faraón toma parte en el orden cósmico. Mientras que cada ser humano con su corazón, forma también parte de la conservación del orden del micro y del macrocosmos. En cuanto al sol, los textos aseguran que hace vivir a todos los corazones.[376] El sol respira Maat[377] y su energía entra en los corazones.[378] El corazón es la fuente de vida de cada ser humano.[379] El corazón está omnipresente en la literatura egipcia y numerosas expresiones fueron creadas a partir de este concepto. El egipcio antiguo escucha con su corazón,[380] entiende con su corazón, habla con su corazón, toma decisiones con su corazón,[381] desea con su corazón,[382] se guía en la vida gracias a su corazón,[383] vive gracias a su corazón.[384] El sol y los dioses también tienen un corazón y el egipcio se "une al sol por el corazón",[385] se une al corazón de su ba,[386] tiene un "corazón derecho,"[387] está protegido por su corazón cuando duerme,[388] y vive el día gracias a la energía del corazón. Cuando su corazón está cansado, sus miembros se tornan débiles. A veces hasta llora el corazón de los animales.[389] Se ve que las informaciones sobre él no faltan[390] y que es fácil entender a través de ellas cómo la Maat circula en la sociedad humana.

3: La circulación de Maat en la sociedad

Es a través del corazón del ser humano que circula la Maat, de aquí la importancia de los pasajes conteniendo informaciones muy seguras sobre el corazón y la necesidad de no distorsionar su sentido. A fin de no modificar el sentido de estos pasajes, conviene mejor la traducción literal a menudo mencionada por los traductores. Las traducciones no literales generalmente no convienen porque están distorsionadas por nuestra filosofía materialista del mundo, y por nuestra concepción abstracta de lo religioso. La traducción literal considerada con el punto de vista mental egipcio y la sensibilidad de este pueblo posee un sentido más exacto, útil y concreto. Por ejemplo, no se debe considerar la siguiente traducción de Guy RACHET, del principio de la "fórmula para que el corazón de Ani no atestigüe contra él" del capítulo XXX B del Papiro de Ani:

"Palabra del Osiris Ani. Que diga: corazón de mi madre, corazón de mi madre, corazón de mis transformaciones..."[391]

sino la traducción literal que el autor menciona en las notas, y que es: "mi corazón mi madre, mi madre..."

De hecho, siendo el corazón el centro vital del ser humano, es decir muy concretamente: el que lo alimenta y que le da la vida como una madre, es más conforme al pensamiento egipcio conservar la traducción literal: "mi corazón, mi madre, mi madre" en vez de "corazón de mi madre" que tiene mucho menos sentido con referencia a la mentalidad egipcia.[392]

Del mismo modo se debe preferir la traducción literal "tus rayos llegan a mi pecho" (lo que evoca muy concretamente a los rayos del sol que penetran el corazón de Ani) a la traducción elegida por el traductor: "Que sean adoradas tus bellezas delante de mis dos ojos, transformadas en espíritus (Akhou) sobre mi pecho". El autor justifica así su elección:

"He preferido la traducción:"(tus bellezas) transformadas en espíritus sobre mi pecho" a la versión más clásica: "tus rayos llegan a mi pecho", porque me parece que se debe marcar el lado espiritual de los rayos del sol. La luz solar está identificada con la luz espiritual que aclara el alma y hace del muerto un espíritu luminoso."[393]

Habiendo precisado este punto, regresemos a la Maat. Los textos afirman que Maat circula más o menos bien. Por otro lado, hemos observado que en la escena de la psicostasia, el corazón está representado como un vaso, y hemos deducido que esto simbolizaba el carácter de "recipiente" del corazón humano. De hecho, el corazón recibe la Maat del sol.[394] El hombre capta la Maat por la escucha[395] y también por los sentidos. En el capítulo XVIII del papiro de Ani, se puede leer:

"El Osiris Ani, el escriba, dice: llego hasta ti con el corazón lleno de Maat."[396] Y en otro pasaje Ani, dice: "echa Maat en mi corazón".[397]

En la "Profecía de Neferti", aprendemos que:

"El disco solar, velado, ya no brillará para que el pueblo pueda ver; no se podrá vivir si las nubes cubren el sol, y privados de sol, todos los hombres serán sordos."[398]

El corazón humano es el medio material de la circulación energética.[399] Los Egipcios habían entendido, mucho antes de la informática moderna, [400] y al plan cósmico, qué partido se podía sacar del pasaje/o no pasaje de una energía inmaterial a través de un cuerpo material que "transporta la potencia".[401] La escena de la psicostasia (o juicio de los muertos) es una extraordinaria síntesis simbólica de este conocimiento.

Cuando el corazón está abierto a la Maat, es decir cuando capta bien la energía cósmica y la "escucha bien"[402] eso está muy bien, pero no basta para crear la armonía. Además esta energía debe circular, es decir que debe ser correctamente emitida, y eso, principalmente a través de la lengua (es decir hablando) y a través de los actos, (es decir el comportamiento y los gestos de los seres humanos). Es pues fácil entender por qué los egipcios antiguos daban tanta importancia a la palabra, y por qué en tantas civilizaciones se concedía una gran importancia, en el marco jurídico, a "la palabra dada", "a la promesa" o a la recitación exacta de las "fórmulas de la ley" en el antiguo derecho romano. La palabra es Maat, captada por el corazón,[403] transformada ("corazón de mis transformaciones")[404] y emitida con la lengua.

4: Los obstáculos a la circulación de Maat

Existen muchas maneras de bloquear la circulación de Maat. Entre ellas se encuentra especialmente la mentira que, según los egipcios, es la "la abominación de los dioses". Sin embargo, en Egipto, la mentira, como lo sabemos por numerosos textos, no es algo que se refiera a nuestra noción moral moderna, es un acto mucho más preciso. Mentir, consiste para un ser humano en no hablar (y probablemente también en no actuar) en conformidad con lo que siente en su corazón[405]. Comportándose así, el ser humano perturba la circulación de Maat y da lugar al desequilibrio en sí mismo y en su entorno. La mentira es de hecho una "abominación", porque contraría la circulación de Maat. La primera víctima de la mentira es el mentiroso. En su vida, tendrá que sufrir los desordenes tanto físicos como psíquicos resultantes del hecho de mentir. Su contrario: la verdad, muy amada por los egipcios, es también, un concepto extremadamente preciso. Decir la verdad, es ser justo, es decir, hablar según su corazón,[406] entonces según Maat, decir la verdad es vivir en conformidad con su principio esencial: la libre y armónica circulación de la energía a través el cosmos y el microcosmos humano. Comprendemos así mejor que la expresión tan repetida en los textos: "justo de voz",[407] significa simplemente que la voz es justa cuando se emite en conformidad con el corazón. En otras palabras, cuando alguien habla en conformidad con su corazón, esto hace circular correctamente la Maat. Una de las consecuencias de esta voz justa, como lo dice el llamado *Texto de teología menfita*[408] es la creatividad como resultado de la emisión de vida.

La circulación de Maat puede ser también impedida por la "avidez" del corazón tan odiada[409] por los egipcios, sin que sea, sin embargo, para ellos un pecado. Durante la mayor parte de su historia la avidez del corazón no era un pecado para los egipcios antiguos, sino una anomalía[410] del funcionamiento que se podía superar con la adopción de la actitud correcta del corazón. Una persona que tiene "avidez del corazón" es incapaz de intercambiar, entonces no hace circular la Maat, y no puede sacar partido de los beneficios de su circulación. Se puede leer en el texto: *El campesino elocuente*, la frase siguiente:

"No hay ayer para el hombre ocioso, no hay amigo para quien es sordo a la justicia, no hay día feliz para el hombre ávido."[411]

Otro modo de impedir la circulación de Maat es "tragar su corazón" o también "comer su corazón".[412] Sobre esta noción, no hemos encontrado explicaciones claras en la literatura egipcia.

Un cuarto modo de no hacer circular la Maat consiste en la imposibilidad de captarla, principalmente, a causa de una mala escucha. Mientras la ligereza del corazón aparece como una cualidad a nuestra mente moderna, todo lo contrario ocurre para los egipcios antiguos. De hecho, nosotros consideramos esta ligereza del corazón de modo abstracto, que significa un corazón ligero de pecados. Por lo contrario, los egipcios consideran esta ligereza de modo concreto. Para ellos un corazón ligero es un corazón al que falta Maat. Entonces en vez de ser una cualidad, la ligereza del corazón es para los egipcios un defecto, porque un corazón ligero no tiene bastante Maat, en otras palabras, un hombre con un corazón ligero no está bastante vivo.[413] En un texto egipcio encontramos la información de que la ligereza del corazón implica un cierto peso, una cierta torpeza física.[414] Por el contrario, encontramos en otro texto que estar lleno de Maat implica la buena salud física.[415]

Por todo eso, una vez sabido que la liviandad del corazón es un defecto y no una cualidad, no se pueden aceptar las ideas relativas a la escena de la psicostasia, donde se pesa al corazón. Por ejemplo, se debe rechazar la opinión siguiente que emana de un egiptólogo, y conforme a toda la egiptología:

"...sobre el platillo izquierdo de la balanza está colocado el corazón, bajo la forma de un pequeño vaso. Para los antiguos egipcios, el corazón era el órgano del pensamiento y de la conciencia. Sobre el otro platillo está colocada una pluma, símbolo de Maat. El corazón no debe pesar más que la pluma, siendo su peso el resultado de las malas acciones, de los pecados..."[416]

Este ejemplo demuestra claramente cómo la proyecciones de conceptos modernos impiden entrar en el espíritu del antiguo Egipto.

5: ¿Por qué y cómo en Egipto, todas las esferas de la vida estaban integradas?

Maat, omnipresente, anima todo lo que tiene un corazón y -según el texto de teología Menfita- todo ser viviente lo tiene. Los textos dicen a menudo que Maat es la hija del sol, y también su madre, que Maat es el alimento del sol, y también el alimento de todos los dioses. Como madre e hija de Re, es un símbolo femenino que Egipto ha elegido para representar el principio de la circulación de la energía cósmica. De hecho, la particularidad del cuerpo femenino es su capacidad de ser un medio para crear la vida y alimentar a los recién nacidos. Las mujeres, al igual que el sol, hacen pasar la vida (inmaterial) a través de su cuerpo (material). Es Maat, quien circulando en el universo, provoca lo que los egipcios llamaron (según las traducciones) "estabilidad", "horizontalidad" o "rectitud", palabras que se refieren a nuestra noción moderna del equilibrio.[417] Al circular bien, Maat representa la armonía del cosmos, y el hecho que todo sea "estable", y esté en perfecto orden.

En el contexto egipcio ser "derecho" o ser "justo" significa actuar en conformidad con Maat, en otras palabras, actuar dejando circular el flujo de la vida. Las expresiones "derecho"[418] u "horizontal" se deben entender concretamente como refiriéndose a la postura de los platillos de la balanza en la escena de la psicostasia. Al respecto, se puede leer en el Papiro de Ani:

"Palabras de Horus, el hijo de Isis: llegó hasta ti, Unefer, y te traigo a Osiris Ani. **Su corazón es derecho, sale de la balanza,** nunca habló mal de ningún dios, ni de ninguna diosa... **El es** perfectamente **derecho y justo.**"[419]
Hemos ya visto que para los egipcios, todo lo que vive

tiene un corazón, el sol también lo tiene.[420] Al circular por todos los corazones, Maat es un principio de unificación, de integración tanto en el micro como en el macrocosmos. Desde este punto de vista se puede entender por qué en Egipto todo se compenetraba y estaba unificado: lo social, lo jurídico, lo político, lo científico, lo cósmico y lo que los especialistas percibieron como lo religioso.

Mirar el mundo desde el punto de vista de la circulación de la energía cósmica que da la vida, en otras palabras, del punto de vista de la dimensión energética e inmaterial, no es costumbre de las civilizaciones modernas, más atraídas por lo material. Según los antiguos egipcios, el flujo ininterrumpido de Maat permite el orden a nivel cósmico, y también político. El faraón, a través el rito de la ofrenda de Maat participa en esta circulación. De hecho, el faraón recibe Maat del sol y la devuelve a él en el ritual de la ofrenda. Entonces se puede entender por qué ese ritual realizado por el faraón era el ritual por excelencia. De hecho, lo que los especialistas denominaron la "religión egipcia" no se parecía en nada a nuestra concepción moderna y abstracta de la religión.[421] Las religiones modernas implican la creencia en cosas que no se pueden verificar. En el Egipto antiguo mucho más concreto, la gente podía experimentar directamente en su cuerpo y en su vida social, los efectos de la buena o mala circulación de Maat.[422] En vez de arrepentirse de un pecado, los egipcios eran invitados a entender lo que pasaba para adecuarse mejor a la Maat, y corregir su comportamiento. Donde nosotros vemos pecados, los egipcios antiguos veían anomalías de comportamiento que se debían corregir para una mejor comprensión, una mejor escucha de Maat.[423] ¡Con respecto a esto los egipcios parecen más modernos que nosotros!

En sus principios, la civilización egipcia se basaba en el conocimiento de las leyes de circulación de la energía cósmica y de sus consecuencias con respecto a los hombres. Los egipcios antiguos estaban sobre todo, interesados por el bienestar interno (felicidad, vitalidad), y externo (salud física, prosperidad material).[424] Al faraón siempre se le deseaba este bienestar interno y externo. Claire LALOUETTE escribió que la frase: "Que viva el faraón, que tenga buena salud, y que prospere" (usualmente abreviado en "vida-salud-fuerza") estaba escrita después de cada nombre real.[425] A los egipcios, tal bienestar y prosperidad les parecían estrechamente dependientes del buen flujo de Maat, es decir de la energía cósmica de vida. Uno de los símbolos que representa a menudo a Maat es una pluma blanca.[426] Es un símbolo muy evocador, por una parte, de la ligereza y de la blancura de la luz,[427] y por la otra, de la libertad de los pájaros que viajan por los aires, de la tierra al sol y del sol a la tierra, como la energía solar. En el mundo moderno tenemos un conocimiento de tipo científico de los efectos del sol. Sabemos, por ejemplo que las plantas captan y transforman la energía solar. En cuanto a los efectos del sol sobre los seres humanos, la mayoría de los hombres modernos se preocupa sobre todo ¡por el bronceado y por la quemadura de sol! ¿Cuántas son las personas modernas que han tomado conciencia de la gran importancia de la energía cósmica solar? Al haber privilegiado el lado material de la existencia, el mundo moderno conoce muy poco de las energías internas de los seres humanos y de las leyes energéticas del micro y del macrocosmos. Respecto a esto, Egipto es una increíble fuente de conocimientos. Pero no se puede beber de esta fuente con una mente moderna y materialista. Para ver este aspecto del conocimiento egipcio, cabe abrirse a la comunicación simbólica, y también interesarse por lo intangible. El Egipto tardío, con su burocracia, no es un ejemplo de civilización más avanzada que la nuestra. Lo más avanzado de la civilización egipcia está oculto en sus símbolos y no es asequible a los que teniendo una mente moderna cerrada, no saben abrirse a esta riqueza. De hecho, Egipto es un modelo filosófico que se puede seguir en la vida privada para desarrollarse y lograr prosperidad interna y externa. En cuanto a la vida colectiva, el Egipto antiguo conocía las leyes de la creación de prosperidad y de abundancia que hoy día se podrían utilizar con mucho provecho. Internet es un marco en donde la filosofía egipcia se puede aplicar con mucho provecho, mientras que nuestra filosofía materialista de la existencia no sirve de nada en este mundo virtual.

6: Maat no es la justicia, sino sólo una parte del concepto egipcio de la justicia.

La Maat al igual que el corazón, es un componente esencial de la justicia egipcia, pero la Maat no es toda la justicia egipcia. Por ser la parte más importante de la justicia, Maat, fue traducida por generaciones de egiptólogos por la expresión "Verdad-Justicia". Pero los egiptólogos siempre afirmaron que esta traducción no era exacta y que tenían dificultad en entender este concepto tan específico de la civilización egipcia. En Egipto, hacer la Maat significaba sobre todo: producir energía; decir la Maat, significa emitir energía, mientras que la justicia, ser justo, equilibrado, horizontal, derecho, estable, todo esto es el resultado de la circulación de la Maat cuando se utiliza el corazón de modo armonico para hacer circular la vida. El llamado *Texto de los sarcófagos* dice claramente que Maat es la vida:[428]

"Atum dice: "Tefnut, la cual es la vida, es mi hija. Ella está con su hermano Shu, llamado también él que es la vida. Maat es también el nombre de ella."[429]

7: ¿Qué es la justicia egipcia?

Blanca, y ligera, Maat no es toda la justicia, sino sólo un componente importante. La justicia consiste en hacer circular la Maat, restableciendo así el equilibrio roto, o impidiendo que ocurra el desequilibrio.

La escena de la psicostasia sería mejor llamarla "escena de la justicia". De hecho, esta imagen representa el principio de la justicia en el Egipto antiguo. Para los egipcios, la justicia era un proceso vital que consistía en establecer o restablecer el equilibrio entre la materia y lo inmaterial. La justicia implicaba la circulación armoniosa de la Maat, es decir de la energía cósmica. Esta justicia ocurre tanto en el plano cósmico como en el humano. Hacer justicia es equilibrar los platillos de la balanza para que sean "horizontales", "derechos" o "estables". Para lograr eso y hacer justicia se necesita escuchar Maat,[430] decir Maat, hacer Maat. En el texto del Papiro de Ani, que acompaña la escena de la psicostasia podemos leer:

"El que está en la tumba dice: te imploro, oh pesador de equidad (Maat),[431] haz que la balanza quede estable".[432]

Con respecto al sol, se habla también de su estabilidad en el cielo. La estabilidad es también lo que se desea el faraón.[433] Por su aplicación a lo inmaterial (energía cósmica, energía vital, energía solar), el concepto egipcio de justicia es interesante para Internet que es un mundo virtual, inmaterial. Por ser virtual Internet, obedece también a las reglas del mundo inmaterial y es por este motivo que no es posible regular Internet con las leyes concebidas para un mundo material. Internet, al igual que la justicia egipcia, permite la creación de abundancia inmaterial. Es a través de Internet que se amplifica el interés de la humanidad moderna para uno de los aspectos inmateriales de la existencia: las ideas, la vida intelectual. De hecho, el mundo informativo, al cual los juristas modernos tratan de aplicar leyes positivas inadecuadas, reacciona mucho mejor ante el concepto egipcio de la justicia. En Internet, como en la justicia egipcia, lo más importante es la circulación, porque es ella la que lleva la prosperidad. La sensatez egipcia se puede aplicar con provecho a Internet. En cuanto a los efectos indeseables de la misma, hay en un texto sapiencial egipcio un principio de acción para luchar contra ellos, del cual hablaremos más adelante a propósito del *Communications Decency Act* norteamericano (Ley de Decencia en las Comunicaciones). Por ahora, vamos a aplicar a Internet el concepto egipcio de la justicia.

Apartado 2

La aplicación a Internet
del concepto egipcio de la justicia

A través el estudio del concepto de Maat en la civilización egipcia antigua, hemos destacado un concepto de justicia muy diferente del moderno. En el mundo tradicional, la justicia consiste principalmente en compartir[434] o atribuir bienes materiales o dinero y a sancionar personas, limitando su libertad. En cuanto a la justicia egipcia su propósito es de aumentar la vida y de permitir la abundancia externa (material) y la interna que son: la felicidad, la buena salud, la vitalidad. En otras palabras, la justicia egipcia es un principio creador, mientras que la justicia moderna no crea nada, sólo se contenta con lo que ya existe. En el mundo egipcio, el ser humano, como todo lo que vive, forma parte del cosmos. Como toda materia viva, el ser humano tiene la capacidad de captar la energía solar por intermedio de su corazón, de transformarla, de emitirla y de intercambiarla con los demás. El intercambio social de la energía ocurre principalmente por la palabra: el *logos*. Según los egipcios, la palabra es algo vivo, es la Maat transformada y emitida. Los egipcios habían observado que la circulación armónica de la energía transformada en palabras implicaba un desarrollo de la prosperidad interna y externa, individual y también colectiva. Mientras que la obstrucción de la circulación de la energía significaba el decrecimiento, la destrucción, la desdicha, la miseria y también la muerte. Los egipcios aplicaron el principio de la circulación de la energía solar, al macroscomos y también a través de la importancia de la palabra, al microcosmos. Egipto tal como otras antiguas civilizaciones había entendido la importancia de la circulación del pensamiento transformado en palabras. Ellos habían entendido que los intercambios inmateriales producen riquezas materiales e inmateriales. Sabían que hacer circular las ideas hacía circular la vida y producía abundancia. Entre los egipcios, el principal modo de intercambio intelectual era la palabra, mientras nosotros tenemos mucho más medios y ahora un medio poderoso: Internet. Por su aplicación a la circulación de la palabra y a su propósito de creación de abundancia, la justicia egipcia se aplica naturalmente, como anillo al dedo, al mundo virtual de Internet, mientras que la justicia tradicional no sirve de nada.

De hecho, la justicia tradicional no es adecuada para Internet por dos motivos esenciales. Primero, en Internet, no necesitamos compartir y atribuir cosas. Segundo, es muy difícil actuar legalmente sobre las personas porque no se pueden localizar fácilmente, y sobretodo, porque la soberanía estatal tiene un carácter territorial y no hay territorios en Internet. La utilidad de aplicar a Internet la justicia egipcia se verifica en la práctica. Las informaciones que circulan en Internet son intangibles como la energía solar, o las palabras que son energía solar transformada, o las ideas que también son energía solar transformada. La energía solar, las ideas comunicadas a través de las palabras, de los libros, o de Internet, por su carácter intangible, obedecen a la misma ley física que hemos destacado a través el estudio de la distinción romana entre *actio in rem* e *actio in personam*. De hecho, las ideas se manifiestan siempre a través de algo material. Y también sólo es a través de algo material que se puede actuar sobre el mundo intangible de las ideas. Es imposible actuar directamente sobre las ideas que circulan en Internet. Del mismo modo es imposible actuar directamente sobre la energía solar. En un caso como en el otro, lo inmaterial (ideas/energía solar) se manifiesta y se transforma a través de lo material (cuerpo humano/computadora). En Egipto, cuanto las personas más captaban, transformaban e intercambiaban energía solar, más prosperaban. En Internet, cuanto más una persona recibe, emite e intercambia información, más posibilidades tiene de prosperar intelectualmente y también materialmente. Se trata del mismo principio. Este ya se aplicaba en el mundo tradicional, que aún centrado en la materia, siempre sacó provecho de las leyes del mundo inmaterial, pero en escasa medida. Internet, especialmente al superar el obstáculo tradicional de la circulación de las ideas que es el espacio, permite acelerar de modo nunca conocido antes, la circulación de información. Tal como, al circular, la energía solar crea la abundancia, la circulación acelerada de las ideas, gracias a Internet, ya ha creado una abundancia informativa sin precedentes que lógicamente debería significar una prosperidad material nunca vista. Los egipcios habían entendido que la mala circulación solar a través del grupo humano, implicaba el decrecimiento, la pobreza, y hasta la muerte y toda especie de desórdenes, incluyendo la enfermedad. Otras civilizaciones que consideramos como primitivas habían también tomado conciencia del carácter primordial del intercambio creador de prosperidad. El decrecimiento resultante del bloqueo del flujo informativo o de la disminución de la velocidad de circulación de la información en Internet, se puede observar prácticamente a través de las experiencias francesas y norteamericanas. Antes de hacer esta verificación, vamos a explicar mejor por qué la ley de la circulación de Maat, implicaba la prosperidad en el mundo egipcio antiguo y cómo otras civilizaciones habían sacado partido del hecho que la aceleración de los intercambios humanos acrecienta la riqueza en todos los planos

CAPÍTULO 1

Circulación informativa y abundancia

Los pueblos de las civilizaciones llamadas arcaicas o primitivas, no necesitaron Internet para darse cuenta de la importancia de los intercambios inmateriales entre los seres humanos. Sin embargo, en estos pueblos, como lo afirma el antropólogo Marcel MAUSS, el intercambio inmaterial estaba incluido en un intercambio de bienes materiales. Ciertas poblaciones arcaicas creían, de hecho, que las cosas que habían pertenecido a una persona incorporaban y comunicaban algo de su "mana", es decir de su energía, de su personalidad.[435] Las poblaciones estudiadas por Marcel MAUSS tenían rituales de intercambio que implicaban obligaciones de dar y de recibir. Lo que significaba una circulación obligatoria de bienes materiales e inmateriales.[436] Tal deber social creaba amistad, paz y también abundancia y prosperidad.[437] Con respecto a los bienes materiales con alto valor espiritual, estas poblaciones desarrollaron una filosofía de la actitud justa, según la cual se recomendaba no guardar estos bienes sino hacerlos circular.[438] Lo que, según Marcel MAUSS dio lugar a un circuito de intercambios.[439]

Muchas ideas expresadas por Marcel MAUSS se encuentran también en un libro sobre Egipto escrito por Edward BLEIBERG,[440] y titulado *The oficial gift in ancient Egypt*. En su libro, el autor explica que los esquemas económicos modernos, sean capitalistas o no, no se pueden aplicar a la sociedad egipcia[441] porque en esta sociedad, no existía una "economía"[442] en el sentido moderno. Tampoco existían "relaciones únicamente económicas". Lo mismo se puede decir de las tribus estudiadas por Marcel MAUSS. Edward BLEIBERG explica que, con respecto al comercio internacional, el concepto de comprar bienes para venderlos con un beneficio no existía en Egipto.[443] Tampoco existía acumulación de los medios de intercambio. Además, la moneda fue utilizada muy tarde en Egipto en donde no existían palabras equivalentes a las nuestras: comprar, vender y moneda.[444] Según Edward BLEIBERG, la sociedad egipcia antigua practicaba el trueque, el intercambio, y los metales preciosos (oro, plata, cobre) facilitaban este trueque. A través de las investigaciones de los economistas antropólogos, Egipto aparece como una sociedad basada en el trueque, y no en las nociones de compra y de venta que ya suponen una distinción entre esfera social y esfera económica. En Egipto, como en las tribus estudiadas por Marcel MAUSS o por Bronislaw MALINOWSKI, todo está relacionado, unificado. No ocurren intercambios únicamente económicos, los intercambios son mucho más amplios.[445] No se puede distinguir entre los diferentes campos de la vida que hoy día son distintos: economía, religión, derecho, ciencia, política. Todo está incluido en los intercambios, en otras palabras, un intercambio nunca es únicamente material. En consecuencia, no es sorprendente encontrar la Maat en el centro del intercambio egipcio, como motor de la dinámica de la circulación. A causa del papel central que desempeña en el mundo egipcio, el intercambio de la misma, inmaterial por excelencia, el concepto de Maat fue muy estudiado por los egiptólogos e historiadores de las religiones. La Maat está en el centro del intercambio inmaterial entre el faraón y los dioses, durante el ritual de la ofrenda de Maat. Ella también se intercambia entre el sol y todos los seres vivos. El sol alimenta a todos los seres vivos quienes a cambio, le devuelven la Maat.[446] El egiptólogo Jean YOYOTTE, durante una entrevista con el periódico científico Eurêka,[447] afirmó: "El intercambio es un concepto central de la civilización egipcia" y "Toda su sociedad se considera en el marco de un intercambio entre los dioses y los seres humanos". Debemos notar que el intercambio de la Maat no implica sólo la relación dios-hombre, sino también la relación entre seres humanos.

Este último intercambio de Maat entre los seres humanos fue profundizado por el egiptólogo Yan ASSMANN quien propuso aplicar a Egipto los conceptos de "solidaridad comunicativa" y de "solidaridad activa". Jean-Claude GOYON subrayó también, la importancia de la circulación por medio de los intercambios en la sociedad egipcia, de la siguiente manera:[448]

"El culto en Egipto, no es nada más que el acto de devolver, cumplido por el rey reinante quien devuelve al creador su facultad de crear y le asegura los medios físicos para perpetuar el universo. Así, el culto aparece, sobre todo, como una transacción cotidiana, permanente, establecida sobre el plan jurídico del *do ut des* 'doy a fin de que des'"[449].

Los egipcios antiguos habían tomado conciencia de las consecuencias perjudiciales de la avaricia, contraria a la ley del intercambio. Con respecto a su conocimiento del modo de circulación de la Maat, de forma pragmática, los egipcios llamaban a la avaricia: la "avidez del corazón", lo que se puede comparar con un pensamiento brahmánico indio mencionado como sigue por Marcel MAUSS:

"La avaricia rompe el círculo del derecho, de los méritos, de los alimentos, que renacen perpetuamente los unos de los otros."[450]

Sin embargo, los egipcios antiguos no consideraban la "avidez del corazón" como un defecto moral o religioso. La avidez era para ellos una anomalía del comportamiento que se podía corregir. Habían observado que al bloquear la circulación de un modo u otro, las personas, antes de empobrecer el círculo de los intercambios, se perjudican a ellas mismas. Ahora, vamos a ver a través de los ejemplos de la *Ley de Decencia en las Comunicaciones* y después a través de la experiencia francesa con el Minitel, cómo esta ley de la justicia egipcia -(que consiste en conservar la circulación a través de los intercambios) se puede verificar concretamente, de modo positivo y también negativo.

CAPÍTULO 2

El decrecimiento de la circulación en Internet implica el decrecimiento económico: la experiencia norteamericana

Por su deseo de distribuir gratuitamente información con Internet, los académicos, los investigadores y los primeros usuarios norteamericanos[451] pusieron en marcha una palanca económica muy poderosa, ya bien conocida por civilizaciones primitivas, y que los antropólogos llamaron el *do ut des*.[452] Es este impulso inicial de generosidad hacia la libre circulación de las ideas en Internet, lo que permitió el desarrollo mundial de Internet de modo bastante rápido. El concepto del *do ut des* fue aplicado con mucho éxito en Internet por numerosas personas y empresas. Basta mencionar el software Netscape,[453] que fue distribuido gratuitamente. Favoreciendo así la multiplicación de los cibernautas, por último enriqueció a su creador, gracias a sus repercusiones. Lo mismo ocurrió al principio con los buscadores tales como Yahoo o Altavista que ofrecieron gratuitamente sus servicios de búsquedas y de registro de nuevos sitios de Internet.

Operar de este modo, es decir, aplicar el *do ut des*, les permitió atraer a mucha gente. Lo que a su vez, permitió crear riquezas, por ejemplo vendiendo espacios de publicidad.[454] El *do ut des* permite generar resultados económicos mucho más amplios y sobre todo, mucho más rápidos. Lo que no hubiera podido resultar de una postura con la cual los usuarios hubieron debido pagar para las búsquedas y para el registro de nuevos sitios. Tal actitud que conlleva el éxito existe mucho más en Internet[455] que en el mundo tradicional.[456] Esta actitud ya generó la multiplicación de los intercambios entre las personas en todo el mundo y también repercusiones económicas que atraen cada vez más usuarios. Pero, no todos los usuarios de Internet actúan con generosidad. Algunos utilizan Internet para comerciar de modo tradicional,[457] otros utilizan Internet para hacer comercio tradicionalmente ilícito, y otros para cumplir "acciones virtuales" abusivas.[458] La prosperidad[459] que nació en Internet llamó también la atención de los gobiernos.

Ellos plantean que deben regular Internet para proteger

por ejemplo a los consumidores o a los menores de edad.

Algunos gobiernos, sin temer contradecirse, afirmaron explícitamente su voluntad de proteger la vida privada de sus ciudadanos,[460] y también explícitamente, su voluntad de controlar a los ciudadanos, a fin de recolectar los impuestos y así luchar contra la evasión fiscal.[461] ¡De este modo, los gobiernos actúan al revés de la dinámica de la red, planteando, sin temor a la contradicción, que quieren favorecer el desarrollo económico de Internet![462] Internet puede soportar, sin inconvenientes mayores, la coexistencia de todos los tipos de sitios y de actores.[463] La amenaza más grave al desarrollo de Internet, emana hoy en día no de los actores de Internet, sino de las autoridades jurídicas del mundo tradicional. De hecho, ellas, por su deseo de aplicar a Internet algunas de las limitaciones de circulación de la información del mundo tradicional, van en contra del desarrollo de la red. Lo que contribuye a transformar a Internet en un espacio de alta inseguridad jurídica y de control gubernamental de la vida privada de los individuos. Aunque numerosos actores de Internet rechazaron todo tipo de intervención jurídica,[464] los gobiernos continuaron imaginando una regulación de la red, inevitablemente inadecuada. Aún en Estados Unidos, donde la voluntad política de crear una Internet "libre" fue explícitamente afirmada,[465] el Congreso, con el objeto de proteger a los menores contra la emisión de material pornográfico promulgó en 1996 el *Communications Decency Act* (*Ley de Decencia en las Comunicaciones*). La *Ley de Decencia en las Comunicaciones* era tan coercitiva como oscura, y obviamente contraria al desarrollo de Internet. Afortunadamente, los cibernautas y las empresas que actúan en Internet, reaccionaron contra la *Ley de Decencia en Las Comunicaciones* y lograron que la Suprema Corte de Justicia declarara inconstitucional la *Ley de Decencia en las Comunicaciones* el 26 de Junio de 1997.[466] Gracias a Internet es fácil arreglárselas para conseguir toda la información jurídica respecto a este asunto. Las informaciones están reunidas en el sitio del EPIC (Electronic Privacy information Center), que fue uno de los principales actores en la campaña para lograr declarar la inconstitucionalidad de la *Ley de Decencia en Las Comunicaciones*.[467]

La ley *de Decencia en Las Comunicaciones*, sancionaba con un encarcelamiento de dos años y/o una multa, la transmisión intencional de mensajes obscenos o indecentes a menores de 18 años de edad, y el envío o el poner al alcance de menores de 18 años, todo mensaje que describiera o representara, de modo obviamente chocante con respecto a las buenas costumbres, los órganos sexuales y de excreción y las actividades que se relacionan con ellos. Una exención era prevista para las personas de buena fe, que hubieran tomado medidas para controlar la edad de los cibernautas que visitaran su sitio, tales como: control de tarjetas de crédito, o control por un número de identificación de adulto.

La principal preocupación de los litigantes era hacer declarar la inconstitucionalidad de la ley *de Decencia en Las Comunicaciones* respecto a la primera enmienda (*First amendement*) sobre la libertad de expresión (*Freedom of Speech*). Pero al estudiar los documentos del asunto, se ve que otras consideraciones más económicas, relacionadas con la especificidad de la circulación de informaciones en Internet, influyeron fuertemente en la decisión de la Corte Suprema. Los debates de este asunto hacen aparecer diversos aspectos del funcionamiento de Internet, y especialmente el hecho de que la libre circulación de informaciones acarrea la prosperidad, mientras que el bloqueo implica lo contrario.[468] Un argumento importante para hacer declarar la inconstitucionalidad de la ley *de Decencia en Las Comunicaciones*, fue que, además de ser ineficaz con respecto al propósito gubernamental (protección de los menores), esta acarrearía consecuencias desfavorables con respecto a la circulación mundial en Internet de informaciones de origen norteamericano.

A través de la experiencia norteamericana, se puede ver que los gobiernos están enfrentados con la imposibilidad de prohibir selectivamente el flujo de informaciones determinadas en su propio territorio. La especificidad de Internet hace imposible el control de su contenido a nivel mundial. En el tema norteamericano, los litigantes observaron que numerosos sitios pornográficos se originaban en otros países y que no se podía prohibir su acceso a los menores norteamericanos. La Corte Suprema tuvo el pragmatismo y la sensatez de reconocer y de constatar los límites del poder jurídico y ejecutivo norteamericanos.[469] Un bloqueo selectivo de informaciones en Internet, podría ser posible sólo si todos los Estados del mundo estuvieran de acuerdo para prohibir la emisión de un cierto tipo de informaciones, por ejemplo, la pornografía. De hecho, como la moralidad varía de un país a otro, es muy improbable lograr un día la unanimidad en este tipo de problema. Ante la falta de tal unanimidad para bloquear sólo una categoría de informaciones a nivel mundial, si un gobierno prohibiera a sus ciudadanos un tipo sólo de informaciones, el flujo de Internet se desviaría en detrimento de ese país y beneficiaría a países menos restrictivos, y eso produciría efectos nefastos para la economía del país restrictivo. Los litigantes explicaron a los jueces de la Corte Suprema que el carácter oscuro y coercitivo de la ley *de Decencia en Las Comunicaciones* daba lugar a una gran inseguridad jurídica. Esta ley también rompía, para los Estados Unidos, la dinámica de Internet, obligando a los actores norteamericanos a refrenarse estrictamente a causa del temor a los procesos, lo que en Estados Unidos es una amenaza muy real. En efecto, la *Ley de Decencia en Las Comunicaciones* era tan oscura y tan amplia que podía sancionar muchas informaciones tales como palabras escabrosas en los grupos de chateo, obras de arte o mensajes científicos. En consecuencia, tal inseguridad jurídica hubiera perjudicado a los norteamericanos, y beneficiado a los otros países.

De hecho, prohibir la circulación de un tipo de información en un país significaría para él:
- una disminución cualitativa y cuantitativa del flujo informativo originado por ese país en la red. Lo que induce a menos prosperidad informativa y también material
- la disminución de prosperidad informativa implica entonces, como lo dijeron Apple y Microsoft,[470] una disminución de las partes del mercado relacionado con Internet y menos prosperidad material (disminución de los empleos, por ejemplo).

Al ser un gobierno restrictivo con sus ciudadanos y con una legislación inadecuada, que puede ser paralizante, se pone al país entero fuera de los beneficios que resultan del flujo intelectual, artístico, comercial (y aun fiscal) generado por Internet. Tal situación favorece a los otros países menos restrictivos. Económicamente, el interés de los gobiernos debería ser desarrollar al país utilizando todos los medios disponibles. Internet es un medio poderoso para desarrollar los intercambios, los que de modo indirecto resultatánn en más recaudación fiscal fuera de Internet. Internet invita a los Estados a ser inteligentes, creadores y generosos.[471] Es finalmente, el interés de los gobiernos, permitir y favorecer la libre circulación de informaciones en la red.

En estas circunstancias, con respecto al propósito de protección de los menores del que habla la ley *de Decencia en Las Comunicaciones*, habría que hacer responsable a los padres de la utilización de medios técnicos tales como el software de filtración de informaciones, que contribuyen a establecer el equilibrio entre el imperativo de la circulación informativa y la voluntad legítima de proteger a los menores contra informaciones indeseables.[472]

El mundo virtual se conforma de acuerdo a leyes diferentes de las leyes del mundo material. Se debe tomar real conciencia de que cuando la prensa y los medios de comunicación hablan de lo indeseable que circula en Internet, hacen una publicidad directa para hacer conocer los sitios indeseables.[473] Los egipcios antiguos eran más pragmáticos y sabían que la mejor lucha contra lo oscuro de algo es llevar la luz. Hay mucha "luz" que circula también en Internet y de la que sería preferible hablar. Por otra parte, sería más lógico actuar en el mundo real para cambiar ciertas actitudes indeseables, que tratar de hacerlo únicamente en Internet. El equilibrio o el desequilibrio del mundo real sólo repercute en el mundo virtual. Aquí es la sensatez romana la que se debe aplicar, si queremos "sanear" el mundo de las ideas debemos hacerlo a través del mundo real. A través de la experiencia norteamericana y la de otros Estados, podemos observar la contradicción en pensar que es posible purificar los comportamientos humanos en el mundo virtual, cuando tal propósito está lejos de ser logrado en el mundo real. Sin embargo, es en el mundo real que tenemos más poderes para actuar en este campo.[474] En síntesis, podemos decir que a pesar de la voluntad claramente declarada de regular la red, con el pretexto de proteger a los menores o a los consumidores, cada legislación nacional entra en conflicto con el funcionamiento de Internet en donde no importan los territorios y sus fronteras. Es obvio que todo Estado que quisiera prohibir cualquier sitio o grupo de chateo de los servidores nacionales,[475] nunca podría impedir a sus ciudadanos el acceso a información prohibida cuando esta existe en servidores ubicados fuera del territorio nacional. La ineficacia práctica de la regulación únicamente nacional de Internet, no necesita ser demostrada.[476] Además, cuando tal legislación existe, aumenta la disminución de la velocidad de circulación de información en perjuicio del país que tiene una legislación sobre Internet demasiado restrictiva. Un gobierno demasiado intervencionista o burocrático con respecto a Internet, desvía inevitablemente el flujo informativo[477] y las riquezas a las cuales da lugar, hacia otros Estados más liberales. En estos últimos Estados, los ciudadanos que no sufren la inseguridad jurídica creciente con respecto a Internet, pueden sacar mejor provecho de la dinámica específica a la red. La ley de la justicia egipcia se verifica totalmente: aminorar el flujo de información en Internet da como resultado disminuir las oportunidades de prosperidad tanto material como informativa relacionadas con ella. Al respecto, el Minitel francés es un verdadero contra-ejemplo de la dinámica que resultó en lo que hoy es Internet. De este hecho, resulta muy interesante sacar provecho de la experiencia de Francia con el Minitel para no repetir los mismos errores con las mismas consecuencias en Internet.

CAPÍTULO 3

Cuando no se aplica el principio de libre circulación: la experiencia francesa con el Minitel

1: El *do ut des* y el éxito en el lanzamiento de un nuevo mercado de la información

Al principio de los años ochenta el Minitel, una herramienta informática,[478] que permitió a los usuarios conectarse con la red nacional fue creado por el gobierno francés y distribuido gratuitamente a todos los franceses.[479] Gracias a esta estrategia, la nueva terminal se encontró rápidamente en las casas de los individuos y en las empresas, permitiendo a todos tener acceso a los servicios de esta mini-red nacional. Al financiar el inicio de este nuevo mercado, los poderes públicos declararon que sus propósitos eran los siguientes: democratización del acceso a la información, deseo de dar a Francia un avance técnico significativo que se pueda después exportar y comercializar. A estos propósitos conviene adjuntar el de France Télécom,[480] que finalmente prevalió

217

y que era incrementar la consumición telefónica francesa que estaba en ese momento estancada.[481]

Pronto se olvidó el deseo de democratización del acceso a la información, en otras palabras el deseo de afluencia informativa para todos. El inicio gratuito del Minitel permitió el éxito francés en crear[482] un mercado de la información informática, mientras en esa época numerosos países fracasaron en el mismo proyecto. Pero al adoptar después una estrategia comercial totalmente opuesta al principio del *do ut des*, los poderes públicos franceses limitaron el uso del Minitel. Sólo una parte de la población[483] y de las empresas que podían soportar el costo muy elevado de acceso a este modo de informarse, sacó provecho del Minitel. Esta estrategia comercial que estudiaremos más detalladamente luego, no permitió generar una afluencia informativa y su resultante prosperidad.[484] En cambio, tal estrategia impidió el desarrollo técnico de Minitel,[485] dio lugar al estancamiento de su utilización a partir de 1994 y al hecho de que hoy día Minitel está largamente superado por Internet, preferido por los usuarios.[486] Además, el Minitel contribuyó al retraso de los franceses en la utilización de

Internet, principalmente debido a su experiencia previa con el Minitel, muchos pensaron que Internet también era muy caro.

2: La función kiosco: una estrategia de la rareza

En los años ochenta, cuando el Minitel fue lanzado, France Télécom tenía algunas ventajas que permitieron la creación de un "mercado" informativo electrónico abusivamente lucrativo[487] y extremadamente centralizado. France Télécom tenía el monopolio de las telecomunicaciones, se beneficiaba con subvenciones estatales, y el mercado nacional estaba completamente cautivo.[488] Por eso, le fue posible a France Télécom instituir la función kiosco.[489] Gracias a ésta, el consumidor pagaba en su cuenta telefónica la duración de la conexión de los servicios propuestos con diversas tarifas.[490] Los usuarios pagaban directamente su consumición a France Télécom que, después, devolvía los beneficios, menos un importante porcentaje,[491] a los proveedores de informaciones. Es fácil adivinar lo que pasó con esta función kiosco: lo que los economistas del OCDE al estudiar la experiencia francesa con Minitel llamaron: "el

219

efecto perverso"[492] de la función kiosco. De hecho la función kiosco es todo lo contrario del principio del *do ut des*. La lógica del *do ut des*: "doy para que tú me des" implica intercambios que enriquecen a todos. La función kiosco aplicaba la lógica opuesta: "menos doy, más gano".

Como lo subrayaron los economistas del OCDE, la fijación de tarifas según el tiempo ocupado, tienta a hacer durar la comunicación lo más posible. Los economistas concluyeron:

"El modo de organización de Minitel conlleva un efecto perverso porque un servicio simple, rápido y eficaz puede significar menos ingresos totales que un servicio complicado, lento e ineficaz..."[493]

El uso abusivo de la función kiosco se extendió rápidamente y produjo cierta riqueza sólo para algunos y la perdida para todo el país de una única oportunidad de mucha más abundancia para todos. La utilización más generosa y adecuada de Minitel hubiera permitido incrementos económicos, sociales y técnicos sin precedentes o la temprana creación en Francia de una verdadera Internet. A través del ejemplo práctico de la SNCF, empresa nacional de ferrocarriles, vamos ahora a ver cómo se aplicó concretamente esta función kiosco. Pero la SNCF no es el único ejemplo de esta postura que se generalizó en Francia. Gracias a Internet la situación respecto a este tema se mejora, pero siempre hay empresas que utilizan la función kiosco aplicada ahora al teléfono, para dar informaciones comerciales. Es decir que los clientes potenciales deben pagar para conseguir informaciones para comprar servicios o bienes.

El ejemplo práctico de la SNCF

Cuando no existía Minitel, los franceses, usuarios o no de la SNCF, podían obtener gratuitamente las informaciones comerciales de esta empresa pública de ferrocarriles. Los horarios de los trenes, el precio de los pasajes, las diferentes tarifas. Todas estas informaciones se daban por teléfono al precio usual de las comunicaciones[494] o en las estaciones. Con la llegada en 1982, de Minitel, las informaciones comerciales de la SNCF se transformaron por primera vez en la historia francesa, en informaciones que se debían pagar mediante Minitel. Después, el principio del kiosco fue también aplicado al teléfono y aún hoy los franceses deben pagar un precio bastante alto para conseguir por teléfono las informaciones comerciales de esta empresa pública. Como lo observa un autor francés: "Hemos llegado al punto en que, al comprar un pasaje de tren, pagamos a la SNCF por el tiempo de espera...".[495] Por eso, a pesar de Minitel y de una red telefónica excelente, los franceses que no tienen acceso a Internet, siempre siguen esperando en las estaciones para conseguir informaciones y comprar pasajes. Al utilizar los medios de comunicación como Minitel de un modo más generoso, la SNCF hubiera producido muchos efectos positivos para ella y para todos los usuarios y hubiera también contribuido al desarrollo de toda la economía relacionada con los viajes.[496] Es verdad que es muy fácil ganar dinero cobrando por dar informaciones comerciales mediante Minitel o el teléfono. Pero eso produce la creación de una penuria informativa artificial, que no permite utilizar los medios modernos de comunicación para lograr una prosperidad mucho más importante.[497] Al utilizar Minitel, aplicando el *do ut des,* la SNCF hubiera podido crear una fuente increíble de prosperidad para ella, y para todas las empresas relacionadas con el viaje y el turismo. Tal postura hubiera producido una afluencia material relacionada a la aceleración de la circulación de informaciones. Por otro lado, esta actitud hubiera también favorecido el desarrollo técnico de Minitel. De hecho, teniendo los consumidores que pagar, de acuerdo a la duración de la conexión, a Minitel, los proveedores de informaciones tenían interés en proveer informaciones lo más lentamente posible para ganar más dinero. De ahí la inutilidad de desarrollar técnicamente Minitel. Desafortunadamente, la SNCF[498] no fue la única compañía que practicó tal estrategia comercial con Minitel. Además la función kiosco se extendió al teléfono y sobrevive hasta hoy a pesar de la existencia de Internet. Esta función permite a las empresas cobrar dinero a los consumidores que telefonean para conseguir informaciones comerciales. En Estados Unidos, en donde el principio del *do ut des* se aplica más frecuentemente, muchas empresas hacen lo contrario de lo que se práctica en Francia. Llamarlas es completamente gratuito para el consumidor potencial.

Conclusión:

Este capítulo permitió observar que el principio egipcio de la justicia fue aplicado con éxito por los Estados Unidos después de la adopción de la *Ley de Decencia en Las Comunicaciones*. La actitud de la Corte Suprema que declaró inconstitucional esta ley contribuyó a favorecer la circulación de la información y la prosperidad que ella implica. En Francia, los poderes públicos no intervinieron de modo democrático al obligar a utilizar Minitel. France Télécom y la gran mayoría de los proveedores de informaciones adoptaron una postura "injusta" con respecto al mundo informativo. En vez de utilizar Minitel para crear una afluencia informativa para todos, el Minitel fue usado para crear una penuria informativa artificial para la mayoría de la población. A través la experiencia norteamericana con la ley *de Decencia en Las Comunicaciones* y la experiencia francesa con Minitel, hemos verificado en la práctica, la eficacia y el interés de la aplicación del concepto egipcio de la justicia. Vamos ahora a concluir este estudio.

CONCLUSIÓN FINAL

En el campo del derecho de Internet, somos como niños, como dijeron en otro contexto los egipcios a Aristóteles, es decir que somos ignorantes y es como niños, sin filosofía y sin éxito, que los juristas modernos tratan de manejar Internet, con las leyes y los puntos de referencia del mundo material. Ahora bien, el cambio de perspectiva jurídica que significa Internet, es radical. Se necesita un espíritu jurídico creador y también entender las nuevas reglas del juego. Lo que importa en Internet y para la economía virtual es la velocidad de circulación. En el ciberespacio, (mundo de abundancia) no se necesita compartir entre personas bienes que existen en cantidad limitada. No existen territorios en los cuales se comparten cosas, y la soberanía territorial no sirve de nada. En el mundo económico material las personas cuentan menos que los bienes materiales. Lo contrario ocurre en Internet. En el mundo virtual, el espíritu de las personas y su creatividad, cuentan más que su cuerpo. Es a las almas de las personas que se dedica el flujo informativo. Son ellas, con sus sueños, sus pensamientos, sus relaciones con los demás, sus necesidades inmateriales, quienes están en el primer plano de la escena jurídica del mundo virtual. Internet nos lleva mucho más lejos que el mundo económico. Nos invita a tomar conciencia de las lagunas filosóficas de nuestro mundo moderno frente a lo inmaterial. Al respecto, al abrirse a su lenguaje simbólico y a sus mentalidades tanto intuitivas como pragmáticas, las civilizaciones "primitivas" nos enseñan lo que necesitamos aprender para manejar mejor Internet y sacar el mejor provecho de esta herramienta informática.

BIBLIOGRAFÍA

Esta es una breve bibliografía. Todas las referencias detalladas de los libros y artículos mencionados en el texto, se encuentran en las notas.

Libros de reflexión sobre Internet y sobre la sociedad de la información

BALLE Francis, *Médias et Sociétés, de Gutenberg à Internet*, Paris, Montchrestien, 8.ª edición, 1997

BROWN Geoffrey, *The Information Game, Ethical Issues in a Microchip, World*, NJ and London, Humanities Press International, 1990

CACOMO, Jean-Louis, *Les défis économiques de l'information*, Paris, L'harmattan, 1996

CARNOI Martin, CASTELLS Manuel, COHEN Stephen S., CARDOSO Fernando Henrique, *The New Global Economy in the Information Age*, the Pensylvania State University Press, The MACMILLAN PRESS LTD 1993

DAVIDSON James Dale et REES-MOGG William, *The Sovereign Individual, The Coming Economic Revolution*, London, MACMILLAN, 1997

FREEMAN J. DYSON, *The Sun, the Genome, the Internet, Tools of Scientific Revolutions*, NY, Oxford University Press, 1999

GATES Bill, *Business @ the Speed of Thought*, London, Penguin Books, 1999

GRAHAM Gordon, *The Internet://a Philosophical Inquiry*, NY, Routledge, 1999

GUÉRIN Serge, *Internet en questions*, Paris, Economica, 1997

LACROIX Guy, *Le mirage Internet, enjeux économiques et sociaux*; Paris, VIGOT, Collection Essentiel, 1997

LESSIG Lawrence, *Code and Other Laws of Cyberspace*, NY, Basic Books, 1999

LEVY Pierre, *World Philosophie*, Paris, Odile JACOB, COLLECTION "CHAMPS MÉDIOLOGIQUE", 2000.

MATTELART Armand, *La mondialisation de la communication*, Paris PUF, Que sais-je?, 1996,

O'DONNELL James J., *Avatars of the word, From Papyrus to Cyberspace*, Cambridge, Mass., Harvard University Press, 1998

QUITTNER Joshua et SLATALLA Michelle, *Speeding the net*, London, Orion Business Books, 1998

STEFIK Mark, *The Internet Edge, Social, Legal and Technological Challenges for a Networked World*, MIT, 1999

WHINSTON Andrew B., STAHL Dale O., CHOI Soon-Yong, *The Economics of Electronic Commerce*, Indianapolis, Indiana, Macmillan Technical Publishing, 1997

WOLTON Dominique, *Internet et après? Une théorie critique des nouveaux médias*, Paris Flammarion, 1999

Filosofía y filosofía del derecho

ARISTOTE, *Ethique à Nicomaque*, traduction J. TRICOT, Paris, VRIN, 1983, 5.ª edición

BOISTEL, *Cours de philosophie du droit*, Paris, 2 volumes, 1899

HERVADA Javier, *Introduction critique au droit naturel*, Bordeaux, EDITIONS BIERE, 1991

JASPERS Karl, *Origine et sens de l'histoire*, traducido del alemán por Hélène NAEF y Wolfgang ACHTERBERG, Paris, Plon, 1954 (*Von Urprung un Ziel der Geschitchte*)

KANT Emmanuel, *Métaphysique des moeurs, Première partie, Doctrine du Droit*, Paris, Vrin, 1993

KELSEN Hans, *Théorie Pure du Droit, Introduction à la Science du Droit*, Neuchatel, Editions de la Baconnière, Juin 1953 traducido del alemán por Henri Thévenaz, (*Reine Rechtslehre*)

KIERKEGAARD Sören, *Traité du désespoir*, Paris, Gallimard, Folio Essais, 1949

MELKEVIK Bjarne, *Horizons de la philosophie du droit*, L'Harmattan, Paris, Montréal, PUL, 1998

RAWLS John, *Théorie de la justice*, Paris, Seuil, Point Essais, 1971

ROUSSEAU Jean-Jacques, *Discours sur les Sciences et les Arts, Discours sur l'Origine de l'Inégalité*, Paris, GARNIER-FLAMMARION, 1971

TRIGEAUD Jean-Marc, *Persona ou la justice au double visage*, Genova, Studio Editoriale di Cultura, 1997

TZITZIS Stamatios, *Esthétique de la Violence*, Paris, PUF, 1997

TZITZIS Stamatios, *Qu'est-ce que la personne?* Paris, Armand Colin, 1999

Antiguo derecho romano

BREAL Michel et BAILLY Anatole, *Dictionnaire étymologique latin*, Paris, Hachette, 1898

CATALANO Pierangelo, *Diritto e Personne, Studi su origine e attualità del sistema romano*, Torino, G. GIAPAICHELLI EDITORE, 1990

GAUDEMET Jean, *Droit privé romain*, Paris, Montchrestien, 2000

GRIMAL Pierre, *La civilisation romaine*, Paris, Champs, Flammarion, 1997

GUARINO Antonio, *Storia del diritto romano*, Napoli, Jovene, 1998

HUVELIN Paul, *Les tablettes magiques et le droit romain*, Macon, Protat Frères, 1901

JHERING von R., *L'esprit du droit romain dans les diverses phases de son développement*, Paris, Librairie A. Marescq, MDCCCLXXXVI.

LEVY-BRUHL Henri, *Droit romain*, Paris, Cours de droit, 1955/56

LEVY-BRUHL Henri, *Le très ancien procès romain*, Rome, 1952

LEVY-BRUHL Henri, *Nouvelles Etudes sur le Très Ancien Droit romain*, Paris, Recueil SIREY, 1947

LEVY-BRUHL Henri, *Recherches sur les actions de la loi*, Paris, Recueil Sirey, 1960

PARICIO Javier, FERNANDEZ BARREIRO A., *Historia del derecho romano y su recepción europea*, Madrid, Editorial centro de estudios Ramon Areces, 1995

POTTER T. W., *Roman Britain*, London, Bristish Museum Press, 1997

REVILLOUT Eugène, *Les origines égyptiennes du droit civil romain*, Paris, Librairie Paul Geuthner, 1912

VILLEY (M): "Le jus in re du droit romain classique au droit moderne", in Publications de l'Institut de droit romain de l'Université de Paris, 1947, p. 193

VILLEY Michel, "Historique de la nature des choses", Paris, Archives de Philosophie du droit, tomo X, 1965, p. 267-283.

VILLEY Michel, "Métamorphoses de l'obligation", *Archives de Philosophie du droit*, Communication au congrès de l'Institut International de Philosophie politique sur "l'obligation politique" 4 juillet 1969

VILLEY Michel, *Le Droit Romain*, PUF, Que sais-je?, 7.ª edición, 1979

VILLEY Michel, *Suum jus cuique tribuens*, Milano, Giuffré, 1954

Egiptología e historia de las religiones

AMÉLINEAU Emile, *La morale égyptienne quinze siècles avant notre ère, Etude sur le papyrus de Boulaq n° 4*, Paris, Editions Ernest Leroux, 1892

ASSMANN Jan, *Maât, l'Egypte pharaonique et l'idée de justice sociale*, Conférences essais et leçons du Collège de France, Paris, Julliard, 1989

BICKEL S., *La cosmogonie égyptienne avant le Nouvel Empire*, Fribourg, 1999

BLEEKER Claas Jouco, *De beteekenis van de egyptische godin Ma-a-t*, Leiden, 1929

BLEEKER Claas Jouco, *Egyptians Festivals, enactments of religious renewall*, Leiden, Netherlands, E.J. Brill, 1967

BLEIBERG Edward, *The Official Gift in Ancient Egypt*, Oklahoma, University of Oklahoma Press. 1996

CHAMPOLLION, *L'Egypte de Jean-François CHAMPOLLION*, ouvrage collectif, Paris, Mengès, 1998

DERCHAIN Philippe, *Le papyrus SALT 825 (BM 10051) rituel pour la conservation de la vie en Egypte*, Bruxelles, Académie royale de Belgique, informe n° 1784, Classe des lettres, tomo LVIII, fasc. I a, 1965

DRIOTON Etienne, "Le jugement des âmes dans l'Egypte ancienne", Revue du Caire, 1949, p. 1-20.

FAULKNER R.O., *The Ancient Egyptian Book of the Dead*, London, British Museum, 1996

FRANKFORT H, FRANKFORT A, WILSON, JACOBSEN AND IRWIN, *The Intellectual Adventure of Ancient Man*, Chicago, University of Chicago Press.,1946

FRANKFORT Henri, *Ancient Egyptian Religion, An interpretation*, New York, Columbia University Press, 1948

FRANKFORT Henri, *Kingship and the Gods*, Chicago, 1948

GOFF Beatrice L., *Symbols of Ancient Egypt in the Late Period, the Twenty-first Dynasty*, Yale University, Mouton publishers, 1979

GOYON Jean-Claude, *Maât et Pharaon ou de destin de l'Egypte antique*, Lyon, Editions ACV, 1998

HERODOTE, *L'Enquête*, Livres I à IV, édition d'Andrée BARQUET, Paris, Gallimard, Folio classique, 1964

HORNUNG Erik, *L'esprit du temps des pharaons*, Paris, Hachette, collection Pluriel, 1996

IVERSEN Erik, *The Myth of Egypt and its Hieroglyphs in European Tradition*, Copenhagen, GEC Gad, 1961

LALOUETTE Claire, *Textes sacrés et Textes profanes de l'Ancienne Egypte*, Tomo 1: *Des Pharaons et des Hommes*, Paris, Gallimard/Unesco, 1984

LALOUETTE Claire, *Textes sacrés et Textes profanes de l'Ancienne Egypte, Tomo 2: Mythes, contes et poésies*, Paris, Gallimard/Unesco, 1987

LICHTHEIM Myriam, *Maat in Egyptian Autobiographies and Related Studies*, Fribourg, Universitätsverlag Freiburg Schweiz, Vandenthoeck and Ruprecht Göttingen, 1992

MENU Bernadette, "Le tombeau de Pétosiris (2) Maât, Thoth et le droit", Paris, BIFAO (Bulletin de l'Institut Français d'Archéologie Orientale), tomo. 95 (1995), p. 281-295.

MORENZ Siegfried, *Egyptian Religion*, London, Methuen and Co litd, 1976

MORET Alexandre, "La doctrine de Maât", Revue d'Egyptologie, tomo 4, Imprimerie de l'Institut français d'Archéologie Orientale, Le Caire, 1940, p. 1-14.

MORET Alexandre, "Le jugement des morts, en Egypte et hors d'Egypte", Paris, Annales du Musée GUIMET, tomo XXXII, p. 255-287

MORET Alexandre, *Le Nil et la civilisation égyptienne*, Paris, La Renaissance du livre, 1926

MORET Alexandre, *Rituel du culte divin journalier en Egypte*, Paris, Ernest Leroux, 1902

PIANKOFF Alexandre, *Le "coeur" dans les textes égyptiens*, Paris, Librairie Paul Geuthner, 1930

RACHET Guy, *Le livre des morts des anciens Égyptiens*, Paris, Editions du Rocher, 1996

SARRAF Joseph, *La notion du droit d'après les Anciens Egyptiens*, Rome, Città del Vaticano, Libreria editrice vaticana, Collana storia e attualità, No 10, 1984

SHAW Ian and NICHOLSON Paul, *Dictionary of Ancient Egypt*, London, British Museum Press, 1995

SHIRUN-GRUMACH Irene, "Remarks on the Goddess MAAT", *Pharaonic Egypt, the Bible and Christianity*, Jerusalem, ed. S. Israelit-Groll, the Magnes Press, The Hebrew University, 1985, 173-201

SHUPAK Nili, "Some idioms connected with the concept of "heart" in Egypt and the Bible", *Pharaonic Egypt, the Bible and Christianity*, Jerusalem, edición S. Israelit-Groll, the Magnes Press, The Hebrew University, 1985, 202-212.

TEETER Emily, *The Presentation of Maat, Ritual and Legitimacy in Ancient Egypt,* Chicago, The University of Chicago, 1997.

WILSON Hilary, *Understanding Hieroglyphs*, London, Brockhampton Press, 1999

YOYOTTE Jean, "La pensée préphilosophique en Egypte", extr. Encyclopédie de la Pléiade, histoire de la philosophie, I, Paris 19.., p1-23.

YOYOTTE Jean, "Le jugement des morts selon l'Egypte ancienne", Paris, Sources Orientales, IV, 1961, p. 17-71.

NOTAS

[1] Internet libera el pensamiento humano de todas formas de obstáculos materiales o no.

[2] Lawrence LESSIG, *Code and Other Laws of Cyberspace*, NY, Basic Books, 1999, p. 108.

[3] Lawrence LESSIG, *op. cit.*, p. 185.

[4] Lawrence LESSIG, *op. cit.*, p.111.

[5] Es decir la de juristas, de filósofos del derecho y de gobiernos.

[6] Manifestado principalmente a través de la palabra. La palabra como el dibujo, la escritura, el libro o Internet es también un medio de manifestación del pensamiento humano.

[7] Ampliamente olvidado en todas las reflexiones sobre Internet.

[8] Filósofo e historiador del derecho, hoy desaparecido.

[9] VILLEY Michel, *Le Droit Romain*, PUF, Que sais-je?, 7.ª edición, 1979, p.119.

[10] Según el filósofo Karl JASPERS, a partir de 500 a. J. C., los hombres se apartaron de la magia y de los mitos para desarrollar el espíritu racional. A partir de este instante se desarrolló nuestra civilizacion. *Cf.* Karl JASPERS, *Origine et sens de l'histoire*, traducido del alemán por Hélène NAEF y Wolfgang ACHTERBERG, Paris, Plon, 1954, ver especialmente pp. **8-10**, 18, 31, 68, 80, 93, 174, **330**.

[11] Por "mundo clasico" o "mundo tradicional", queremos decir el mundo sin Internet.

[12] JEAN-JACQUES ROUSSEAU, *Discours sur les Sciences et les Arts, Discours sur l'Origine de l'Inégalité*, Paris, GARNIER-PLAMMARION, 1971, p.205. Traducido del francés: "Le premier qui, ayant enclos un terrain, s'avisa de dire: *Ceci est à moi* et trouva des gens assez simples pour le croire, fut le vrai fondateur de la société civile. Que de crimes, de guerres, de meurtres, que de misères et d'horreurs n'eût point épargnés au genre humain celui qui, arrachant les pieux ou comblant le fossé, eût crié à ses semblables:

Gardez-vous d'écouter cet imposteur; vous êtes perdus, si vous oubliez que les fruits sont à tous, et que la terre n'est à personne."

[13] Esto lo subraya también Pierre GRIMAL en relación con la Roma antigua: GRIMAL Pierre, *La civilisation romaine*, Paris, Champs, Flammarion, 1997, p. 193.

[14] Jean-Marie PELT, *La vie sociale des plantes*, Paris, Fayard, 2.ª edición, 1984, p. 91, p. 164.

[15] *Cf*. Pierre GRIMAL, *op. cit.*, p. 272 sobre el templo de Tellus (la tierra) en Roma.

[16] Brian Leigh MOLYNEAUX, *The Sacred Earth*, London, Macmillan, 1995, p. 44 y ss.

[17] Tomado del artículo "L'universalisme moderne à l'heure des identités: le défi singulier des peuples autochtones", Ghislain OTIS y Bjarne MELKEVICK, en *Les Droits Fondamentaux*, BRUXELLES, BRUYLANT 1997, ACTES des 1ères Journées scientifiques du Réseau Droits fondamentaux de l'AUPELF-UREF: p 274 et ss. Traducido del francés:
"Les peuples autochtones ont été placés sur notre mère, la Terre, par le Créateur. Nous appartenons à la terre. Nous ne pouvons être séparés de nos terres et de nos territoires."
"Nos territoires sont des entités vivantes qui s'inscrivent dans une relation vitale permanente entre les êtres humains et la nature."

[18] Harvey ARDEN, *Noble Red Man, Mathew King, un sage Lokota*, traducido del americano por Karin BODSON, Paris, Editions du Rocher, 1994, p. 101. Traducido del francés: "Seul Dieu est notre Père, et la Terre est notre Mère. Nous en avons la preuve car notre peau est de la couleur de Terre-Mère."

[19] Jean-Pierre MAGNANT, *Terre et pouvoir dans les populations dites "Sara" du Sud du Tchad*, Paris I, tesis, science politique, 1983.

[20] Jean-Pierre MAGNANT, *op. cit.* p.148.

[21] Jean-Pierre MAGNANT, *op. cit.*, p.149.

[22] Comparar con la Roma antigua, donde se practicaban ritos para alejar de la tierra los demonios, *cf*. Pierre GRIMAL, *op. cit.*, p. 72 y p. 222.

[23] Jean-Pierre MAGNANT, *op. cit.*, p. 159 y pp.160-161.

[24] Jean-Pierre MAGNANT, *op. cit.*, p. 150.

[25] Jean-Pierre MAGNANT, *op. cit.*, p.156.

[26] Comparar con la Roma arcaica donde la tierra era un bien colectivo, *cf*. Pierre GRIMAL, *op. cit.*, p. 191.

[27] Jean-Pierre MAGNANT, *op. cit.*, p.156.

[28] Jean-Pierre MAGNANT, *op. cit.*, p. 169.

[29] Jean-Pierre MAGNANT, *op. cit.*, p.156-157.

[30] Paul ALLIÈS, *L'invention du territoire*, Grenoble, 1980; Nicholas K. BROMLEY, *Law, Space and the Geographies of Power*, New York, 1994.

[31] Es mi interpretación personal de los escritos de Hans KELSEN.

[32] Hans KELSEN, *Théorie Pure du Droit, Introduction à la Science du Droit*, Neuchâtel, Editions de la Baconnière, Juin 1953 traducido del alemán por Henri THEVENAZ, título alemán: *Reine Rechtslehre* 1934. p. 12 y p. 60.

[33] Hans KELSEN, *op. cit.*, p. 7.

[34] Hans KELSEN, *op. cit.*, p. 17 y p. 56.

[35] Hans KELSEN, *op. cit.*, p. 12-14 y p. 17.

[36] Hans KELSEN, *op. cit.*, p. 59.

[37] Hans KELSEN, *op. cit.*, p. 53-54, y p. 55: "La justicia absoluta es un ideal irracional. ... y la ciencia del derecho sólo puede explorar el campo del derecho positivo." traducido del francés: "La justice absolue est un idéal irrationnel. ... et la science du droit ne peut explorer que le domaine du droit positif."

[38] Hans KELSEN, *op. cit.*, p. 111.

[39] Hans KELSEN, *op. cit.*, p. 64.

[40] Hans KELSEN, *op. cit.*, p. 142.

[41] Hans KELSEN, *op. cit.*, p. 13.

[42] Hans KELSEN, *op. cit.*, p. 43. Traducido del francés: "Le juriste au contraire a pour tâche de connaître le droit, de le décrire à l'aide de règles de droit".

[43] Hans KELSEN, *op. cit.*, p.50-51. Traducido del francés: "Le juriste décrivant le droit doit l'accepter comme la norme juridique applicable au cas concret. Toute opinion différente est sans importance juridique."

[44] Hans KELSEN, *op. cit.*, p. 53.Traducido del francés: "Ayant un sens purement subjectif les vrais jugements de valeur sont en dehors du domaine scientifique, car l'objectivité est un élément essentiel de toute science. En conséquence la science du droit ne peut pas déclarer que tel ordre ou telle norme juridique est juste ou injuste, car pareil jugement se fonde soit sur une morale positive, c'est-à-dire sur un ordre normatif différent et indépendant du droit positif, soit sur un véritable jugement de valeur à caractère subjectif."

[45] Hans KELSEN, *op. cit.*, p.43-44.

[46] Sin embargo la noción de imputación no es científica, se trata de un acto humano voluntario y entonces subjetivo.

[47] Hans KELSEN, *op. cit.*, p. 53 "Habiendo un sentido puramente subjetivo los verdaderos juicios de valor están fuera del campo científico, porque la objetividad es un elemento esencial de toda ciencia." Traducido del francés: "Ayant un sens purement subjectif les vrais jugements de valeur sont en dehors du domaine scientifique, car l'objectivité est un élément essentiel de toute science."

[48] Hans KELSEN, *op. cit.*, p. 19, ver también:pp: 88-89 y pp.88-89.

[49] Hans KELSEN, *op. cit.*, p. 20. Traducido del francés: "Le droit et la morale sont des ordres positifs si et dans la mesure où leurs normes ont été "posées" ou créées par des actes accomplis dans l'espace et dans le temps..."

[50] Hans KELSEN, *op. cit.*, p. 34. Traducido del francés: "Chaque norme doit déterminer dans quel lieu et à quel moment la conduite prescrite par elle doit se réaliser, de telle sorte que sa validité a un caractère à la fois spatial et temporel. Quand une norme est valable seulement pour un lieu et un temps déterminés, elle ne s'applique qu'à des faits se déroulant dans ce temps et dans ce lieu. Sa validité spatiale et temporelle est limitée. En revanche quand une norme est valable toujours et partout, elle s'applique à des faits, quels que soient le lieu et le temps où il se produisent. Sa validité est illimitée, mais cela ne signifie pas qu'elle soit indépendante de l'espace et du temps, car les faits auxquels la norme s'applique se déroulent toujours dans un lieu et un temps déterminés."

[51] Hans KELSEN, *op. cit.*, p. 42.

[52] Hans KELSEN, *op. cit.*, p. 33 y 39.

[53] Hans KELSEN, *op. cit.*, p. 33 y p. 39.

[54] Hans KELSEN, *op. cit.*, p. 166 y ss. Sobre el Estado como punto de imputación p.157-158.

[55] Hans KELSEN *op. cit.*, p. 154.

[56] Hans KELSEN, *op. cit.* p.120.

[57] Hans KELSEN, *op. cit.* p.173.

[58] Hans KELSEN, *op. cit.* p.183.

[59] Hans KELSEN, *op. cit.* p. 168 y p. 184.

[60] Hans KELSEN, *op. cit.* p. 173 y p. 183.

[61] Hans KELSEN, *op. cit.* p. 176.

[62] Hans KELSEN, *op. cit.* p. 180.

[63] Sobre las nuevas corrientes de la filosofía del derecho, *cf*. Bjarne MELKEVIK, *Horizons de la philosophie du droit*, L'Harmattan, Paris, Montréal, PUL, 1998.

[64] *Cf*. los artículos de Maurice FLORY, Marcel MERLE etcétera, en *L'international sans territoire*, *op. cit*., L'Harmattan, 1996; *cf*. Joe, VERHOEVEN, "Souveraineté et mondialisation: libres propos", in *La mondialisation du droit*, Sous la direction de Eric LOQUIN et Catherine KESSEDJIAN, Travaux du Centre de Recherche sur le droit des marchés et des investissements internationaux, Volume 19, Paris LITEC, 2000, p. 43-57, p 49. et 57.

[65] Maurice FLORY, "Le couple Etat-territoire en droit international contemporain", in *L'international sans territoire*, *op. cit*., L'Harmattan, 1996, p.251. Traducido del francés: "...la souveraineté de l'Etat est nécessairement limitée par celle des autres, ce qui impose l'égalité dans la souveraineté"

[66] Maurice FLORY, "Le couple Etat-territoire en droit international contemporain", in *L'international sans territoire*, *op. cit*., L'Harmattan, 1996, p.251. Traducido del francés: "Sans territoire, un peuple peut revendiquer son identité, une autorité peut tenter d'imposer son pouvoir; aussi longtemps que ces deux éléments ne concordent pas avec le troisième (l'implantation territoriale), il ne peut y avoir ni naissance ni reconnaissance du fait étatique et des prérogatives qui sont attribuées par le droit international à cette entité singulière."

[67] *Ibid*., p.251 y ss.

[68] *Ibid.,* p. 252.

[69] *Ibid*., p.264;

[70] Marcel MERLE, "Un système international sans territoire?", *L'international sans territoire*, *op. cit*., L'Harmattan, 1996, p. 289 et ss., p.290.

[71] Martin CARNOI, Manuel CASTELLS, Stephen S. COHEN, Fernando Henrique CARDOSO, *The New Global Economy in the Information Age*, the Pensylvania State University Press, The Macmillan Press Ltd 1993.

[72] Francis BALLE, *Médias et Sociétés, de Gutenberg à Internet*, Paris, Montchrestien, précis Domat, 1997

[73] Francis BALLE, *op. cit., p*. 699.

[74] *Cf*. Joe, VERHOEVEN, "Souveraineté et mondialisation...", *op. cit*., p.45.

241

[75] *Cf.* por ejemplo sobre la dificultad de controlar la obligación de emplear el idioma francés para los consumidores franceses: Conseil d'Etat, France, *Internet et les réseaux numériques, étude adoptée par l'Assemblée générale du Conseil d'Etat le 2 julio 1998*, Paris, La Documentation française, 1998, p. 35 et ss.

[76] Sobre la opinión que no hay vacío jurídico, y que sin embargo es difícil adaptar el derecho nacional a un espacio sin territorios. Conseil d'Etat, France, *Internet et les réseaux numériques, op. cit.*.

[77] Traducido del inglés: "The ideas of economists and legal thinkers as well as of those engaged in the social conflicts revolve equally and solely around the external tangible goods, the economic values.", Frederik Vinding KRUSE, *The right of property*, London, New York, Toronto, Oxford University Press, 1939, p. 80. Ver también: James Dale DAVIDSON y William REES-MOGG, *The Sovereign Individual, The Coming Economic Revolution*, London, Macmillan, 1997.

[78] *Ibid.,* KRUSE, p. 80, traducido del inglés: "...goods which are only on the point of coming into existence, which are at their earliest stage of development, but which seem to me to be those which future man will look upon as the greatest of values."

[79] *Ibid.*, p.75.

[80] *Ibid.*, p. 75, traducido del inglés: "Only a century ago all these rights were, generally speaking, of insignificant practical importance, but in modern times not only the extensive work of legislation in this sphere which has gradually been carried into practice in most countries but also the records of the law courts testify to the crucial importance which these rights have gained in practical business."

[81] *Ibid.*, p. 107-109.

[82] Profundizaremos esta cuestión más adelante.

[83] Michel VILLEY, *Le Droit Romain*, PUF, Que Sais-Je?, 7.ª edición, 1979, p. 19.

[84] Ahora el derecho francès se puede consultar sobre este sitio: http://www.legifrance.gouv.fr.

[85] *Cf.* François TERRÉ, *Introduction Générale au Droit*, Paris, Dalloz, 4.ª edición, 1998, p. 61. El comparte nuestra opinión.

[86] Ibid, p. 62. El comparte nuestra opinión.

[87] A partir de la cual los antiguos romanos habían elaborado la distinción entre *actio in rem* y *actio in personam*.

242

[88] Andrew B. WHINSTON, Dale O. STAHL, Soon-Yong CHOI, *The Economics of Electronic Commerce*, Indianapolis, Indiana, MacMillan Technical Publishing, 1997, p. 178-179.

[89] Según Pierre BOURDIEU, el derecho es un acto de magia social que tiene éxito. ("...le droit le plus rigoureusement rationalisé n'est jamais qu'un acte de magie sociale qui réussit."), Pierre BOURDIEU, *Ce que parler veut dire, l'économie des échanges linguistiques*, PARIS, Fayard, 1982, p. 20.

[90] El código de la propiedad intelectual enuncia (artículo L. 111-1) El autor tiene un derecho de propiedad inmaterial exclusivo y que se opone a todos. El artículo L. 111-3 adjunta que esta propiedad intelectual es independiente del objeto material.

[91] *Cf*. Tratado OMPI sobre el derecho de autor, Ginebra, Diciembre 1996, artículo 6.

[92] No es por casualidad que existía la distinción entre *actio in rem* y *actio in personam*.

[93] *Cf*. Michel VILLEY, "Métamorphoses de l'obligation", Archives de Philosophie du droit, Communication au congrès de l'Institut International de Philosophie politique sur "l'obligation politique" 4 julio 1969, p. 297.

[94] Sobre el ejemplo del grupo Vivendi y de Suez Lyonnaise, ver: Les Echos, jeudi 13 julio 2000, Paris, p. 1 y 12-13.

[95] Sobre la evolución del comercio relacionado a lo inmaterial *cf*. Serge GUÉRIN, *Internet en questions*, Paris, Economica, 1997, p. 87, p. 91, p. 71, p. 86.

[96] Wladimir ANDREFF, *op. cit.*, 1996, p.373-396, p. 392.

[97] Sobre la historia de Netscape, *cf*. Joshua QUITTNER & Michelle SLATALLA, *Speeding the Net*, London, Orion Business Books, 1998.

[98] Jean-Marc TRIGEAUD, *Persona ou la justice au double visage*, Genova, Studio Editoriale di Cultura, 1997: p. 49.

[99] Para una definición de la palabra *persona, cf*. Michel BREAL et Anatole BAILLY, *Dictionnaire étymologique latin*, Paris, Hachette, 1898, p. 260.

[100] Marcel MAUSS, *Sociologie et anthropologie*, Paris, PUF/QUADRIGE, 8.ª edición, 1999, "Essai sur le don" p. 143-279, Extrait de l'année Sociologique, seconde série, 1923-1924, tomo 1., p. 350.

[101] Profundizaremos la distinción romana entre *actio in rem* y *actio in personam* más adelante.

243

[102] Claude LEVI-STRAUSS, *La voie des masques*, Paris, Editions PLON, collection Agora, 1979, p 21, p. 24.

[103] Eso ocurría también en la Roma antigua, *cf.* Pierre GRIMAL, *op. cit.,* p. 72.

[104] Sobre JUNG, a propósito de la magia en los pueblos primitivos, ver: *Dialectique du Moi et de l'inconscient*, C.G. JUNG, Paris, Gallimard, collection Folio, Essai 1964,Traducido por Roland CAHEN, p.137.

[105] Joseph SARRAF, *La notion du droit d'après les Anciens Egyptiens*, Rome, Città del Vaticano, Libreria editrice vaticana,1984, Collana storia e attualità, n° 10, p.41

[106] Joseph SARRAF, *op. cit.,* p. 103.

[107] Sobre la opinión que no hay vacío jurídico para Internet, *cf.:*Valérie SéDALLIAN, *Droit de l'Internet*, Paris, Net Press, collection AUI, 1997, ITEANU *Internet et le droit, Aspect juridiques du commerce électronique*, Paris, Eyrolles, 1996, p. 8; Pierre BRESSE, Gautier KAUFMAN, *Guide juridique de l'internet et du commerce électronique*, Paris, Vuibert, 2000, p. 15; Internet, Aspects juridiques, sous la direction de Alain BENSOUSSAN, Paris, Hermès, 1996, p. 11; Jean MARTIN, "Le cyberespace: un prétendu vide juridique", Le Monde, 3 mai 1996, p. 15.

[108] Como lo veremos más adelante, los romanistas, a pesar del avance de la egiptología permitido por el desciframiento de los jeroglíficos por Jean-François CHAMPOLLION, no sacan partido de estos nuevos conocimientos. Son muy raros los autores que se interesaron en los orígenes egipcios del derecho romano, ver por ejemplo: Eugène REVILLOUT, *Les origines égyptiennes du droit civil romain*, Paris, Librairie Paul Geuthner, 1912; Paul HUVELIN, *Les tablettes magiques et le droit romain*, Macon, Protat Frères, 1901, p. 5.

[109] Y del impacto jurídico de los antiguos romanos sobre el mundo virtual.

[110] En los sistemas jurídicos de derecho continental.

[111] Muchos autores se interesaron en este asunto y no podemos citarlos a todos.
Sobre el estudio profundizado de la diversas doctrinas de los derechos hacia el final del siglo diecinueve: *cf.* H. MICHAS *Le droit réel considéré comme une obligation passivement universelle*, Paris, tesis, 1900; Charles TOULLIER, *Le droit civil français*, Paris, 5. a edición, 1830, tomo 1II, p. 55, n° 84; Alexandre DURANTON, *Cours de droit français*, 1.ª edición, Paris, 8.ª edición, 1828, tomo

1V, p. 182, n° 225; MARCADé, *Explication du Code Civil*, Paris, 1886, tomo 2, p. 364, n° 357; DEMOLOMBE, *Cours de Code Napoléon*, Paris, 1854, tomo 9, p. 354; AUBRY ET RAU *Cours de droit civil français*, Paris, 5.ª edición, tomo 2, 1897, p. 72 et 73, par. 172; BOITEUX, *Commentaire sur le Code Napoléon*, Paris, 6.ª edición, 1852, tomo 2, p. 645 à 647; DELVINCOURT, *Cours de droit civil*, Paris, 2.ª edición, 1825, tomo 2, p. 309; BAUDRY-LACANTINERIE, *Précis de droit civil*, Paris, 6.a edición, tomo 1, p. 646 et ss.; BOISTEL, *Cours de philosophie du droit*, Paris, 1899; LESENNE *De la propriété avec ses démembrements*, Paris, 1858, p. 200, n° 396; MOURLON ET DEMANGEAT, *Répétitions écrites sur le Code Civil*, Paris, 13.a, 1896, tomo 1, p. 718.

Sobre la doctrina del principio del siglo veinte: *cf.*: Louis RIGAUD, *Le droit réel, histoire et théories, son origine institutionnelle*, Toulouse, tesis, 1912; Georges RIPERT *De l'exercice du droit de propriété dans ses rapports avec les propriétés voisines*, Aix, tesis, 1902; R. QUERU, *Synthèse du droit réel et du droit personnel - Essai d'une critique historique et théorique du réalisme juridique*, Caen, tesis, 1905; C. PRODAN, *Essai d'une théorie générale des droits réels*, Paris, tesis, 1909; René DEMOGUE, *Les notions fondamentales du droit privé, Essai critique pour servir d'introduction à l'étude des obligations*, Paris, Rousseau, 4 vol. in-8e, 1911; Marcel PLANIOL *Traité élémentaire de droit civil*, Paris, Pichon, 5.ª edición, 3 volumes, 1908, et 6.ª edición. tomo 1, 1911;Henri CAPITANT, *Introduction à l'étude du droit civil*, Paris, 2.ª edición, 1904, pp. 77-78; Jean DABIN "Les droits intellectuels comme catégorie juridique", Revue critique de législation et de jurisprudence, 1939. Pierre RECHT, *Le droit d'auteur, une nouvelle forme de propriété*, Paris, LGDJ, 1969, *passim*; Frederik VINDING KRUSE, *The Right of Property*, London, New York, Toronto, Oxford University Press, 1939.

Escritos más recientes: *cf.* Jean DERUPPÉ, *La nature juridique du droit du preneur à bail et la distinction des droits réels et des droits de créance*, Paris, Dalloz, 1952; Hassen ABERKANE, *Contribution à l'étude de la distinction des droits de créance et des droits réels*, Paris, LGDJ, 1957; MARTY (G) et RAYNAUD (P), *Droit civil, Introduction générale à l'étude du droit*, Paris, SIREY, 1972, p. 482,

245

n° 302, Samuel GINOSSAR *Droit réel, propriété et créance - élaboration d'un système rationnel des droits patrimoniaux*, Paris, LGDJ, 1960; Claude BOQUET, *De l'opposabilité aux tiers comme caractéristique du droit réel: essai d'épistémologie juridique sur la base des droits allemand, français et suisse*, Ginebra, Avenir, 1978

[112] TERRÉ François, *Introduction Générale au Droit*, Paris, Dalloz, 4.ª edición, 1998, p. 347; François TERRÉ, Philippe SIMLER, Yves LEQUETTE, *Droit civil, les obligations*, Paris, Dalloz, 1999, n° 3; Pierre VOIRIN, *Droit civil*, tomo 1, Paris, L.G.D.J., 1999, p. 30; Sobre el derecho alemán: *cf.* Werner F. EBKE, Matthew W. FINKIN, *Introduction to German law*, The Hague, London, Boston, Kluwer Law International, 1996, p. 229.

[113] Es un profesor de derecho danés: Frederik VINDING KRUSE, *The right of property*, Oxford University Press, London, New York, Toronto, 1939, p. 124.

[114] *Ibid.*, p. 125, traducido del inglés: "The doctrine of the distinction between real rights and obligatory rights (rights *in rem* and rights *in personam*) forms one of the most extraordinary chapters in the history of human error."

[115] *Ibid.*, p.125, traducido del inglés: "In recent years the doctrine of the distinction between real and obligatory rights has occasioned a dispute as to whether the difference between these types of rights must be sought in the content of the right... or in the real protection or in both relations, but it has not been possible to arrive at any agreement or even obtain lucidity on this point. And there is no result to arrive at, for all this discussion is quite futile, an unnecessary waste of energy that might be applied to better purposes."

[116] Hans Kelsen, *Théorie Pure du Droit*, Introduction à la Science du Droit, Editions de la Baconnière, Neuchâtel, Juin 1953.

[117] Hans KELSEN, *op. cit.*, p. 100. Traducido del francés: "Cette distinction qui joue un rôle important dans la théorie du droit civil, présente elle aussi un caractère idéologique accusé. On la maintient malgré l'objection constamment renouvelée que la domination juridique d'une personne sur une chose consiste uniquement en un rapport entre un sujet et d'autres sujets...".

[118] Nos fue imposible obtener el libro de René DEMOGUE, por eso nos basamos sobre el estudio de este libro hecho por Louis Hortensius RIGAUD, *Le droit réel, histoire et théories, son origine institutionnelle*, Toulouse, tesis, 1912 p. 179.

[119] Louis Hortensius RIGAUD, *op. cit.*, p. 196.

[120] Como ejemplo ver: Pierre VOIRIN, *Droit civil*, Paris, L.G.D.J., tomo 1, 1999, p. 30.

[121] Marcel PLANIOL, *Traité élémentaire de droit civil*, 5.ª edición, Paris, Pichon, tomo 1, 1908-1910, n° 2162.

[122] *Cf.* Michel VILLEY, "Les origines de la notion de droit subjectif", Archives de Philosophie du Droit, Paris, Recueil SIREY, 1953-54, p. 163-187, p. 167. Michel VILLEY, *Suum jus cuique tribuens*, Milano, Giuffré, 1954, p. 362.

[123] Con la misma opinión ver: Frederik VINDING KRUSE, *The right of property*, London, New York, Toronto, Oxford University Press, 1939, p. 130.

[124] Sobre este asunto ver: Michel VILLEY, *Suum jus cuique tribuens*, Milano, Giuffré, 1954, passim; Michel VILLEY, *Suum jus cuique tribuens*, Milano, Giuffré, 1954, p. 366, 368 y 370; Michel VILLEY, "La notion romaine classique de *Jus* et le *Dikaion* d'Aristote", La filosofia greca e il diritto romano, Roma, Accademia Nazionale dei Lincei, 1976, p. 71-79, p. 71, p. 76; Michel VILLEY, "Métamorphoses de l'obligation", *Archives de Philosophie du droit*, Communication au congrès de l'Institut International de Philosophie politique sur "l'obligation politique" 4 julio 1969, p. 288.

[125] L. PAZZOLINI, *La nuova scuola*, 1965, p. 423, citado por Michel VILLEY, "Métamorphoses de l'obligation", *op. cit.* Traducido del francés: "Pour reconquérir le langage authentique du droit romain, une précaution indispensable est de ne point ouvrir les manuels de droit romain contemporain".

[126] POTHIER, *OEUVRES*, Paris, 1847, tomo 9.

[127] H. MICHAS, *Le droit réel considéré comme une obligation passivement universelle*, Paris, tesis, 1900, p. 59.

[128] Marcel PLANIOL *Traité élémentaire de droit civil*, Paris, Pichon, 5.ª edición, 3 volumes, 1908, 6.ª edición. tomo 1, 1911.

[129] Citado por Louis RIGAUD, *op. cit.*, p. 196.

[130] *Cf.* Frederik VINDING KRUSE, *op. cit.*; GINOSSAR Samuel, *op. cit.*, p. 45.

[131] Edmond PICARD, *Le droit pur - Cours d'Encyclopédie du droit-les permanences juridiques abstraites*, Paris, edición Félix Alcan, 1899.

[132] *Ibid.*, p. 109.

[133] Frederik Vinding KRUSE, *op. cit.*, p. 107-110.

[134] Frederik Vinding KRUSE, *op. cit.*, p. 107 "...the right of property is normally a definite set of powers."

[135] Frederik Vinding KRUSE, *op. cit.*, p. 109.

[136] Uno de los principales sostenedores de la teoría la propiedad incorpórea fue Louis JOSSERAND "Configuration du droit de propriété dans l'ordre juridique nouveau", *Mélanges juridiques, dédiés à Monsieur le Professeur SUGIYAMA*, TOKIO 1940.

[137] *Cf*. Jean DABIN, "Les droits intellectuels comme catégorie juridique" Paris, Revue critique de législation et de jurisprudence, 1939.

[138] KOHLER, in BONNET (J) *Etude de la législation allemande sur les brevets d'invention*, Paris, tesis, 1902.

[139] Paul ROUBIER, *Droit de la propriété industrielle*, tomo 1, Sirey, p. 102; Paul ROUBIER, *Droits subjectifs et situations juridiques*, Paris, Dalloz, 1963.

[140] Michel VILLEY, "Historique de la nature des choses", Paris, Archives de Philosophie du droit, tomo 10, 1965, p.: 267-283, p. 277. Sobre el pragmatismo de los romanos y de su idioma: *cf*. Pierre GRIMAL, *op. cit.*, p. 158, 161, 163.

[141] Michel VILLEY, "Métamorphoses de l'obligation", *op. cit.*, p. 291. Traducido del francés: "Les juristes romains ne construisent pas des systèmes d'idées; ils décrivent des réalités."

[142] En el caso de Internet, hablaríamos del mundo virtual.

[143] Emmanuel KANT, *Métaphysique des moeurs, Première partie, Doctrine du Droit*, Paris, Vrin, 1993, p. 241, nota 1.

[144] Sören KIERKEGAARD, *Traité du désespoir*, Paris, Gallimard, Folio Essais, 1949, p. 61, 87 y 89.

[145] *Ibid.*, p. 161.

[146] Sobre el carácter concreto del antiguo derecho romano: Pierangelo CATALANO, *Diritto e Personne, Studi su origine e attualità del sistema romano*, Torino, G. GIAPAICHELLI EDITORE, 1990, p. VIII-IX y p. XIII. Sobre el origen religioso del derecho romano: Pierre GRIMAL, *op. cit.*, p. 99 y p. 108.

[147] Sobre el vocabulario jurídico del antiguo derecho romano y sus vínculos con las fórmulas mágicas:*cf.*: *f.*: Paul HUVELIN, *Les tablettes magiques et le droit romain*, *op. cit.*, p. 32; Michel VILLEY, "Métamorphoses de l'obligation", *op.cit.*, p. 269.

[148] Todos pueden consultar los registros del INPI (Instituto nacional para la protección de la propiedad industrial) y apropiarse de las ideas inventivas. En el campo del derecho de autor, sobre este asunto, *cf.*:

Andrew B. WHINSTON, Dale O. STAHL, Soon-Yong CHOI, *The Economics of Electronic Commerce*, Indianapolis, Indiana, MacMillan Technical Publishing,1997, p. 179: "...that although stolen property is recovered, pirated copies are destroyed. It is important to recognize that, economically speaking, intellectual properties are not properties -as tangible commodities- despite the misleading term, and intellectual property laws do not protect the said property, but the interests of the owners derived from the use of that property..."

[149] H. MICHAS, *op.cit.*, Paris 1900, p. 31, p. 41; VAN BEMMELEN, *les notions fondamentales du droit civil*, Amsterdam, 1892, p. 222.

[150] Pierre GRIMAL, *op. cit.*, p. 158, p. 191, p.163.

[151] Samuel GINOSSAR, *op. cit.*, p. 45.

[152] Michel VILLEY, "Historique de la nature des choses", *op. cit.*, p. 276.

[153] Michel VILLEY, *ibid* p. 276, p. 278.

[154] Michel VILLEY, "Le raisonnement juridique dans l'histoire", ARSP, Archives de Philosophie du droit 1971 p. 47.

[155] Como hoy queremos hacerlo cuando hablamos de propiedad incorpórea.

[156] CATALA Pierre, *op. cit.*, p. 186

[157] Hassen ABERKANE, *Contribution à l'étude de la distinction des droits de créance et des droits réels, Essai d'une théorie générale de l'obligation propter rem en droit positif français*, Paris, tesis, 1957, p.10.

[158] En 1822, *cf. L'Egypte de Jean-François CHAMPOLLION*, ouvrage collectif, Paris, Mengès, 1998, p. 11.

[159] Ver nota n°10.

[160] Eugène REVILLOUT, *op. cit.*, Paris, 1912.

[161] Sobre el carácter concreto del antiguo derecho romano, Pierangelo CATALANO, *Diritto e Personne, op. cit.*, p. XIII.

[162] Sobre el antiguo derecho romano como arte de compartir: Michel VILLEY, *Le Droit Romain, op. cit.*, p. 116; Emmanuel KANT, *Métaphysique des moeurs, Première partie, Doctrine du Droit*, Paris, Vrin, 1993, prefacio de Michel VILLEY, p. 20; Michel VILLEY, *Suum jus cuique tribuens*, Milano, Giuffré, 1954, p. 365.

[163] Emile AMÉLINEAU, *La morale égyptienne quinze siècles avant notre ère, Etude sur le papyrus de Boulaq n° 4*, Paris, Editions Ernest Leroux, 1892, p. LV.

[164] Beatrice L. GOFF, *Symbols of Ancient Egypt in the Late Period, the Twenty-first Dynasty*, Yale University, Mouton publishers, 1979, p.19.

[165] H. LÉVY-BRUHL, *Nouvelles Etudes sur le Très Ancien Droit romain*, Paris, Recueil SIREY, 1947, p. 6; Paul. HUVELIN, *Les tablettes magiques et le droit romain*, Macon, Protat Frères, 1901, passim

[166] *Cf.* sobre este asunto Pierre GRIMAL, *op. cit.*, p. 104-105.

[167] H. LÉVY-BRUHL, *Nouvelles Etudes sur le Très Ancien Droit romain*, Paris, *op. cit.*, p. 6; Paul. HUVELIN, *op. cit.*, p.11.

[168] Sobre este asunto *cf.* Pierre GRIMAL, *op. cit.*, p.106.

[169] Michel VILLEY,*Le Droit Romain*, *op. cit.*, p.80.

[170] Sobre el derecho de los autores e Internet: *cf. The Future of Copyright in a Digital Environment*, P. Bernt HUGENHOLTZ, Proceedings of the Royal Academy Colloquium, Amsterdam, 6-7 July 1995, The hague, London, Boston, KLUWER LAW INTERNATIONAL, 1996.

[171] SéDALLIAN Valérie, *Droit de l'Internet*, Paris, Net Press, collection AUI, 1997,; Olivier ITEANU *Internet et le droit, Aspect juridiques du commerce électronique*, Paris, Eyrolles, 1996 Pierre BRESSE, Gautier KAUFMAN, *Guide juridique de l'internet et du commerce électronique*, Paris,Vuibert, 2000; Internet, Aspects juridiques, sous la direction de Alain BENSOUSSAN, Paris, Hermès, 1996; *Internet saisi par le Droit*, Travaux de l'A.F.D.I.T., sous la direction de Xavier LINANT de BELLEFONDS, Paris, éditions des Parques, 1997; Thierry PIETTE-COUDOL, *Internet et la loi*, Paris, Dalloz, 1997; Clive GRINGAS, *The Laws of the Internet*, London, Butterworths, 1997; Pierre TRUDEL, France ABRAN, Karin BENYEKHIEF, Sophie HEIN, *Droit du Cyberespace*, Montréal, Thémis, 1998.

[172] Sobre el deseo de controlar los sitios Internet: *cf.* Francis LORENTZ, *La nouvelle donne du commerce électronique: réalisations 1998 et perspectives: rapport de la mission Commerce électronique*, France, Ministère de l'économie, des finances et de l'industrie, Paris, Editions de Bercy, Etudes ISSN 1245-2246, 1999, II.2.4. Sin embargo, en 1999, el informe Cordier, (Sénat, *op. cit.,*) dice "la ley francesa es más exigente, pero solamente 5% de los sitios son franceses" ("La loi française est la plus exigente, mais seuls 5 % des sites sont français." Sénat, Rapport Cordier, Rapport de la Commission de réflexion sur le livre numérique, mai 1999,)

http://www.culture.gouv.fr/culture/actualites/rapports/cordier/edition.
htm#ophttp://www.culture.gouv.fr/culture/actualites/rapports/cordier/edition.htm#op

[173] Sobre esta utilización de la técnica informática *cf.* Lawrence LESSIG, *op. cit.*; Mark STEFIK, *The Internet Edge, Social, Legal and Technological Challenges for a Networked World*, Cambridge, Mass., MIT press, 1999.

[174] Michel VILLEY en el prefacio al libro de Emmanuel KANT, *Métaphysique des moeurs, Première partie, Doctrine du Droit*, Paris, Vrin, 1993, p. 23. Javier HERVADA, *Introduction critique au droit naturel*, Bordeaux, EDITIONS BIERE, 1991, p. 43, 51, 86; *cf.* Aristote, *Ethique à Nicomaque*, Paris, VRIN, 1983, 5.ª edición, p. 224 et 245-246.

[175] Paul MATHIAS, *La cité Internet*, Paris, Presses de Sciences PO, La bibliothèque du citoyen, 1997, p.72-73.
Cf. contra el control de Internet:
- Citizens Internet Empowerment Coalition http://www.ciec.org/,
- Peacefire:http://www.peacefire.org/,
- XEMU Censorship
Webpage:http://www.xemu.demon.co.uk/censor/index.html.

[176] Es también lo que piensa Michel VILLEY, *cf.* "La notion romaine classique de *Jus* et le *Dikaion* d'Aristote", *La filosofia greca e il diritto romano*, Roma, Accademia Nazionale dei Lincei, 1976, p. 71-79, p. 73.

[177] *Cf.* Aristote, *Ethique à Nicomaque*, traduction J. TRICOT, Paris, VRIN, 1983, 5.ª edición, p. 224 et 245-246; Michel VILLEY, "La notion romaine classique de *Jus* et le *Dikaion* d'Aristote", *La filosofia greca e il diritto romano*, Roma, Accademia Nazionale dei Lincei, 1976, p. 71-79, p. 73.

[178]John RAWLS, *Théorie de la justice*, Paris, Seuil, Point Essais, 1971, p. 33.

[179] *Cf. Which Court Decides? Which Law Applies?* Katharina BOELE-WOELKI y Catherine KESSEDJIAN, The hague, London, Boston, Kluwer Law International, 1998, Proceedings of the international colloquium in honour of Michel PELICHET organized by the Molengraaff Institute of Private Law, University of Utrecht and the Hague Conference on Private International Law.

[180] Por ejemplo, Ver: Conseil d'Etat, France, *op. cit.*

[181] *Cf.* Claire LALOUETTE, *Textes sacrés et Textes profanes de l'Ancienne Egypte*, tomo 2: *Mythes, contes et poésies*, Paris, Gallimard/Unesco, 1987, p. 84.

[182] *Ibid.,* Joseph SARRAF, introducción.

[183] Llegando a Egipto por Avión es fácil entender porque HERODOTO había dicho que el Egipto era el don del Nilo. Lo que se puede ver desde el avión son dos lineas de verdura a los lados del Nilo, y el desierto. HERODOTE, *L'Enquête*, Livres I à IV, Paris, Gallimard, Folio classique, 1964, p.160.

[184] Según los libros, Maat no se escribe del mismo modo. Podemos encontrar: Mâat, Maat, Mâït, etcétera.

[185] Por ejemplo: Joseph SARRAF, *La notion du droit d'après les Anciens Egyptiens*, I, n° 10, p. 35; Jan ASSMANN, *Maât, op. cit.*, p. 104; Alexandre MORET, *Le Nil et la civilisation égyptienne, op. cit.*, p. 440.

[186] *Cf.* por ejemplo: Jean YOYOTTE, "La pensée préphilosophique en Egypte", *op. cit.*, p. 11.

[187] Jean-Claude GOYON, *Maât ..., op. cit.*, p. 88. Traducido del francés: "la 'fille et vie' de Rê, le créateur solaire"

[189] Alexandre MORET, "La doctrine de Maât", Revue d'égyptologie, tomo 4, Le Caire, 1940, Institut français du Caire. Traducido del francés: "...l'officiant définit Maât: la fille, la chair, l'âme, la parure, le vêtement, la nourriture solide et liquide du dieu, et le souffle de vie qui l'anime".

[190] Emily TEETER, *The Presentation of Maat, Ritual and Legitimacy in Ancient Egypt, Chicago,* The University of Chicago, 1997.

[191] *Ibid.,* p. 14-15.

[192] Dibujo tomado del artículo de Alexandre MORET, "Le rituel du culte divin journalier en Egypte", op. cit., p. 45.

[194] De la misma fuente, otros tres simbolos de Maat:

la plume blanca. el codo (para la medida) la diosa.

[195]Jean-Claude GOYON, *Maât..., op. cit.*, p. 88. Traducido del francés: "La statuette et son image incarnent un concept, un principe, celui de l'ordre universel, dont découlent toutes les vertus et notions

d'ordre propres à l'humanité: vérité, justice, équilibre. Maât est encore la manifestation révélée du don renouvelé de la vie..."

[196] Myriam LICHTHEIM, *Maat, op. cit.*, 1992.

[197] Pero casi no los juristas.

[198] Henri FRANKFORT, *Ancient Egyptian Religion, op. cit.*, passim.

[199] Jan ASSMANN, *op. cit.*, p. 18; Henri FRANKFORT, *Ancient Egyptian Religion, op. cit.*, p. 67, p. 117-118.

[200] Jan ASSMANN, *op. cit.*, p. 144, nota 11; Philippe DERCHAIN, *Le papyrus SALT 825 (BM 10051) rituel pour la conservation de la vie en Egypte*, Bruxelles, Académie royale de Belgique, informe n° 1784, Classe des lettres, tomo LVIII, fasc. I a, 1965, p. 13.

[201] Claas Jouco BLEEKER, *De beteekenis van de egyptische godin Ma-a-t*, Leiden, 1929.

[202] Claas Jouco BLEEKER, *Egyptian Festivals, Enactments of Religious Renewall*, 1967, E.J. Brill, Leiden, Netherlands.

[203] *Ibid.*, p 1.

[204] *Ibid.*, p. 4.

[205] *Ibid.*, op. *cit.*, p. 16.

[206] *Ibid.*, op. *cit.*, p. 12-13.

[207] *Ibid.*, op. *cit.*, p.7-8: "This optimism is characteristic of the view of life and the world held by the ancient Egyptian... the Ancient Egyptian lived in the unshakable faith that Ma-a-t, the order instituted by the sun-god in prehistoric times, was, despite periods of chaos, injustice and immorality, absolute and eternal. "

[208] Los rituales eran actos de la vida real, actos concretos por los cuales los egipcios ponían en práctica sus creencias "religiosas".

[209] Claas Jouco BLEEKER, *Egyptians Festivals*, op. *cit.*, p.6-7.

[210] *Ibid.*, p. 7. Traducido del inglés: "Ma-a-t is both a concept and a goddess. As a concept Ma-a-t represents truth, justice and order in corporate life, three ethical values which upon closer inspection prove to be based on the cosmic order."

[211] Claas Jouco BLEEKER, De beteekenis van de egyptische godin Ma-a-t, Leiden, 1929.

[212] Irene SHIRUN-GRUMACH, "Remarks on the Goddess MAAT", *Pharaonic Egypt, the Bible and Christianity*, Jerusalem, ed. S. Israelit-Groll, the Magnes Press, The Hebrew University, 1985, 173-201, *cf.* p. 173.

[213] Claas Jouco BLEEKER, *Egyptian Festivals, op. cit.,* p. 5, sin embargo el autor cita MORENZ quien subrayó que las palabras: religión, piedad y creencias no existían en egipcio. MORENZ, *Ägyptische Religion,* 1960.

[214] Philippe DERCHAIN, *Le papyrus SALT 825, op.cit.,* p. 13.

[215] Erik HORNUNG, *L'esprit du temps des pharaons,* Paris, Hachette, collection Pluriel, 1996, p. 137.

[216] Claas Jouco BLEEKER, *Egyptians Festivals,* op. *cit.,* p. 6.

[217] *Ibid.,* p. 6.

[218] Es decir creador de mitos, H. FRANKFORT, A. FRANKFORT, WILSON, JACOBSEN AND IRWIN, *The Intellectual Adventure of ancient Man,* Chicago, University of Chicago Press. 1946, p.10.

[219] Henri FRANKFORT, *Ancient Egyptian Religion, op. cit.,* 1948.

[220] *Ibid.,* p. 63.

[221] *Ibid.,* p. 93, 108, 109, 114.

[222] *Ibid.,* p.19.

[223] *Ibid.,* p. 90 y p. 91.

[224] *Ibid., p.* 55.

[225] *Ibid.,* p. 51: "The social order was part of the cosmic order", ver también: Henri FRANKFORT, *Kingship and the Gods,* Chicago, 1948.

[226] Henri FRANKFORT, *Ancient Egyptian religion, op. cit.,* p.55. Traducido del inglés: "But we lack words for conceptions which, like Maat, have ethical as well as metaphysical implications. We must sometimes translate "order", sometimes "truth", sometime "justice"; and the opposite of Maat requires a similar variety of renderings. In this manner we emphasize unwittingly the impossibility of translating Egyptian thoughts into modern language, for the distinctions which we cannot avoid making did not exist for the Egyptians."

[227] *Ibid.,* p. 117.

[228] *Ibid.,* p.73.

[229] *Ibid.,* p. 67.

[230] *Ibid.,* p. 73.

[231] *Ibid.,* p. 117.

[232] *Ibid.,* p. 117-118.

[233] *Ibid.,* p. 118-119.

[234] *Ibid.*, p.121.

[235] *Ibid.*, p. 72, sobre el aspecto práctico por ejemplo de los resultados de la generosidad.

[236] Jan ASSMANN, *Maât, op. cit.*, 1989.

[237] *Ibid.*, p. 12.

[238] *Ibid.*, p. 13. Traducido del francés: "...pourrait fournir la clef d'une compréhension plus approfondie de la civilisation égyptienne..., parce qu'il semble effacer les limites entre la religion et tout ce qui n'est pas religion."

[239] *Ibid.*, p. 17. Traducido del francés: "Plus l'écart entre les deux univers est vaste, plus la paraphrase s'allonge; elle peut alors facilement prendre la taille d'un livre entier, dans la mesure où elle doit reproduire en grande partie la conception d'un monde qui nous est étrange."

[240] *Ibid.*, p. 18.

[241] *Ibid.*, p. 18. Traducido del francés: "...action en harmonie avec les forces régulatrices actives dans le maintien de cet ordre universel"

[242] *Ibid.*, *cf.* su resumen p. 54-55.

[243] *Ibid.*, p 36.

[244] *Cf.* "la prophétie de Neferty" ("la profecía de Neferti"), traducido por Claire LALOUETTE, tomo 1, *op. cit.*, p. 71: "Le disque solaire, voilé, ne brillera plus pour que le peuple puisse voir; on ne pourra pas vivre si les nuages (le) recouvrent; et, privés de lui, tous les hommes seront sourds."

[245] Alfred TOMATIS, *Vers l'écoute humaine*, Paris, E.S.F., 1979, tomo 1, p. 34. Traducido del francés: "L'oreille, en effet, n'a pas été conçue pour entendre. Comment dès lors le serait-elle pour écouter ? Elle doit assurer deux fonctions majeures qui répondent, en réalité, à une seule et même activité: l'équilibre et la recharge du système nerveux en énergie. Ce n'est que secondairement qu'elle va se mettre à entendre et, plus tard, à écouter."

[246]. COPPENS Yves, *Le Genou de Lucy*, Paris, Poches Odile Jacob, 2000, p. 27.

[247] Jan ASSMANN, *Maat, op. cit.*, p. 107.

[248] *Ibid.*, p. 37.

[249] *Ibid.*, p. 133. Traducido del francés: "Les notions de 'solidarité' et de 'communication' s'avèrent les éléments communs à toutes les

sphères -ou univers de discours - dans lesquelles nous avons étudié la notion de Maât... Il faut donc à mon avis abandonner la notion de l'ordre cosmique, Weltordnung, comme le centre du concept de Maât. Le véritable centre, le point de départ d'où toutes ses acceptions plus spécifiques dérivent, c'est la catégorie sociale de la solidarité communicative."

[250] S. BICKEL, *La cosmogonie égyptienne avant le Nouvel Empire*, Fribourg, 1999, p. 171. Traducido del francés: "Comme la Vie et le souffle vital, Maât est un principe qui doit être échangé à plusieurs niveaux: entre le créateur et sa fille Maât d'une part, et entre le créateur, voire les dieux en général, et le monde créé d'autre part...Cette notion d'échange était pour les anciens Egyptiens de première importance pour la compréhension du monde. Le culte divin, les conceptions funéraires, mais aussi les rapports sociaux sont ancrés dans ce principe de réciprocité."

[251] Bernadette MENU, "Le tombeau de Pétosiris (2) Maât, Thot et le droit", Paris, BIFAO (Bulletin de l'Institut Français d'Archéologie Orientale), tomo 95 (1995), p. 281-295.

[252] *Ibid.,* p. 282: "La norme est l'affaire de Maat; son application celle de Thoth."

[253] Ver nota n°10.

[254] Jean YOYOTTE, "La pensée préphilosophique en Egypte", Paris 19.., p1-23. extr. Encyclopédie de la Pléiade, histoire de la philosophie, I.

[255] *Ibid.*, p. 1. Esta opinión la comparten todos los autores historiadores o egiptólogos, por ejemplo, ver: H. FRANKFORT, A. FRANKFORT, WILSON, JACOBSEN AND IRWIN, *The Intellectual Adventure of ancient Man*, 1946, University of Chicago Press p. 3; Claas Jouco BLEEKER, *Egyptian Festivals, op. cit.*, p. 14; Beatrice L. GOFF, *Symbols of Ancient Egypt, op.cit.*, p. 19.

[256] Jean YOYOTTE, "La pensée préphilosophique en Egypte", *op. cit.,* p. 2.

[257] Erik HORNUNG, *L'esprit du temps des Pharaons*, Paris, Hachette, 1996, p. 25.

[258] Erik HORNUNG, *op. cit.*, p. 16-17.

[259] Beatrice L. GOFF, *Symbols of ancient Egypt ..., op. cit.*, p. 158.

[260] Alexandre MORET, *Le Nil, op. cit.*, p. 422.

[261] *Ibid.*, p. 91; Siegfried MORENZ, Egyptian Religion, London, Methuen and Co litd, 1976, p. 153-154; Erik HORNUNG, *L'esprit du temps des Pharaons*, Hachette, 1996, p. 25.

[262] Erik IVERSEN, *The Myth of Egypt and its Hieroglyphs in European Tradition*, Copenhagen, GEC Gad, 1961, p. II.

[263] *Ibid.*, p.11.

[264] Beatrice L. GOFF, *op. cit.*, p. 158.

[265] Sobre el silencio, *cf.* Jan ASSMANN, *Maât, op. cit.*, p. 44; Henri FRANKFORT, *Ancient Egyptian Religion, op. cit.*, p. 66.

[266] Siegfried MORENZ, *Egyptian Religion*, London, Methuen and Co ltd, 1976, p. 175; Philippe DERCHAIN, *rituel pour la conservation de la vie en Egypte, op. cit.*, p. 4, nota 3; Alexandre PIANKOFF, *la création du disque solaire*, IFAO, bibli. 2 tomes 19, p. 7.

[267] Jan ASSMANN, *Maât, op. cit.*, p. 17.

[268] Siegfried MORENZ, *Egyptian Religion, op. cit.*, p.175, sobre el espíritu científico de los egipcios, presentado en un lenguaje mítico.

[269] Philippe DERCHAIN, *SALT 825 (BM 10051) op. cit.*

[270] *Ibid.*

[271] *Ibid.*, p. 4, nota 3: Alexandre PIANKOFF, *la création du disque solaire*, IFAO, bibli. 2 tomes 19.., p. 7.Traducido del francés: "On ne peut guère alors parler de religion au sens moderne du mot, mais bien plutôt d'une cosmologie, d'une physique véritable, à laquelle personne n'échappait ni ne pouvait échapper, pas plus qu'on n'échappe de nos jours aux lois de la thermodynamique".

[272] Philippe DERCHAIN, *SALT 825 (BM 10051)*; *op. cit.*, p. 4, nota 3: Alexandre PIANKOFF, *la création du disque solaire*, IFAO, bibli. 2 tomes 19, p. 6.

[273] *Ibid.*, p. 4, p. 14, nota 37, *cf.* SAUNERON, POSENER, YOYOTTE, dict. Civ. eg., 1961, 282-283. Traducido del francés: "On pourrait presque comparer le temple égyptien à une centrale où des énergies diverses sont converties en courant électrique ou plus exactement à la salle des appareils de contrôle de cette centrale, d'où, par de très petits efforts-ceux des techniciens qui manoeuvrent les commutateurs - on assure la production et la distribution de l'énergie, selon les besoins, mais uniquement par les voies qui ont été conduites d'avance, et qu'on ne peut modifier par un simple jeu d'interrupteurs."

[274] Jean-Claude GOYON, *Maât..., op. cit.*, p.89. Traducido del francés: "Selon ces conceptions, un temple de culte au Nouvel Empire s'avère être autant un espace fonctionnellement réparti et aménagé pour les liturgies qu'un réceptacle sacré pour l'entretien de la présence réelle et de la vie divine."

[275] Philippe DERCHAIN, *Le papyrus SALT 825 (BM 10051)*; *op. cit.*, p. 9.

[276] Paul HUVELIN, *op. cit.*, p. 13. Sobre la diferencia entre nuestra religiosidad moderna y la mucho más práctica de los antiguos, *cf.* T. W. POTTER, *Roman Britain*, London, Bristish Museum Press, 1997, p. 74-75.

[277] Philippe DERCHAIN, *SALT 825 (BM 10051)*; *op. cit.*, p. 17.

[278] Jean-Claude GOYON, *Maat...*, *op. cit.*, p. 92. Traducido del francés: "La statue, comme un mortel, se voyait nourrie, vêtue, parée, ointe. Chaque heure de chaque jour prévue par le rituel voyait s'accomplir les services: après la phase du réveil et de la toilette, prenaient rang les trois présentations des repas."

[279] Philippe DERCHAIN, *SALT 825 (BM 10051)*; *op. cit.*, p. 19.

[280] Karl Gustav JUNG, *L'énergétique psychique*, Ginebra, Georg éditeur S.A., 1987.

[281] Es interesante comparar con la acupuntura que permite una correcta circulación energética en el cuerpo humano. La acupuntura también considera al ser humano en su dimensión cósmica. *Cf.* Docteur TRAN TIEN CHANH, *L'acupuncture et le Tao*, Meudon, Editions Partage, 1988, p. 94.

[282] Claire LALOUETTE, tomo 1, op. *cit.*, p. 270 "Le livre des morts est le grand rituel funéraire, commun à tous les Egyptiens, à partir du Nouvel Empire (vers 1580 av jc). Ces Formules pour monter dans le jour (titre égyptien) rassemblent aussi incantations, formules, procédés pour survivre; elles sont le viatique indispensable de tout aspirant à l'au-delà."

[283] LAURANT A., *Libro Egipcio de los Muertos, Salida del Alma hacia la luz del Dia*, Barcelona, Edicomunicación, 1998

[284] Guy RACHET, *Le livre des morts des anciens Egyptiens*, op. *cit.*, p. 44.

[285] Jean YOYOTTE, "Le jugement des morts selon l'Egypte ancienne", *op. cit.*, p. 17.

[286] *Ibid.*, p. 44 y ss.

[287] *Ibid.*, p 45.

[288] Henri FRANKFORT, *Ancient Egyptian religion, op. cit.*, pp 112, 116-11.

[289] Etienne DRIOTON, "Le jugement des âmes dans l'Egypte ancienne", Revue du Caire, 1949, p.1-20, p. 19.

[290] *Ibid.*, p. 19, p. 9.

[291] YOYOTTE Jean, "Le jugement des morts selon l'Egypte ancienne", *op. cit.*, p 44-45.

[292] *Ibid.*, p. 45.

[293] Sobre la escritura egipcia, *cf.* ERIK HORNUNG, *op. cit.*, p. 18. Comparar con la Roma arcaica en donde la escritura era también sagrada: Paul HUVELIN, *op. cit.*, p. 11.

[294] *Cf.* Emile AMELINEAU, *La morale égyptienne quinze siècles avant notre ère, Etude sur le papyrus de Boulaq n° 4*, Paris, Editions Ernest Leroux, 1892, p. XVIII.

[295] Alexandre MORET, *Le Nil...*, *op. cit.*, p. 422 y también 498 y ss.

[296] Emile AMELINEAU, subrayo que los libros de los muertos, dejan aparecer claramente los intereses de los sacerdotes con respecto a sus "clientes".

[297] Jan ASSMANN, *Maat, op.cit.*, p. 28.

[298] Jean YOYOTTE, "Le jugement des morts selon l'Egypte ancienne", *op. cit.*, p 12. Traducido del francés: "La question de Maât méritera d'être éclaircie, dans toutes ses incidences, par une étude statistique des sources, en tenant compte des époques et des contextes"

[299] Erik HORNUNG, *L'esprit du temps des pharaons*, op. *cit.*, p. 9.

[300] *Ibid.*, p.15.

[301] *Ibid.*, p.16.

[302] *Ibid.*, p.18.

[303] *Ibid.*, p.31.

[304] *Ibid.*, p. 135.

[305] Alexandre MORET, *Le Nil et la civilisation égyptienne*, Paris, La Renaissance du livre, 1926, p. 299. Traducido del francés: "Depuis la XVIIIe dynastie, nous retrouvons en des papyrus, déposés sur chaque cadavre, les chapitres de ce que nous appelons le "livre des morts": ils préparent le défunt à passer devant le tribunal de Râ (qui deviendra plus tard le tribunal d'Osiris), où la Balance du dieu pèsera sa conscience et ses actions. Ainsi, chacun possède les rituels nécessaires pour entrer dans la vie divine."

[306] Alexandre MORET, "La doctrine de Maât", Revue d'égyptologie, tomo 4, Imprimerie de l'Institut français d'Archéologie Orientale, Le Caire, 1940, p. 1-14.

[307] Alexandre MORET, "Le jugement des morts, en Egypte et hors d'Egypte", Paris, *Annales du Musée GUIMET*, tomo XXXII, p. 255-

287, p.257. Traducido del francés: "Dans le domaine des morts, il y avait une salle de la Double Justice où le défunt passait en jugement devant un tribunal composé de 42 divinités et d'un juge suprême, Osiris. L'intérêt de tous se concentrait autour d'une balance divine dont le dieu Thot surveillait la pesée. Dans un des plateaux, était le coeur du défunt, c'est-à-dire sa conscience, lourde ou légère de fautes; dans l'autre plateau, on plaçait la Vérité, sous forme d'une statuette de la déesse Mâit, ou d'une plume (dessin de la plume), hiéroglyphe de la déesse. Il fallait que le poids du coeur fit équilibre au poids de la Vérité: alors la justification que le défunt faisait de sa conduite était tenue pour véridique. Thot et Osiris vérifiaient si l'aiguille de la balance (ou plutôt le fil à plomb qui en tenait lieu) marquait l'équilibre nécessaire, et, ce résultat constaté, prononçaient l'admission du défunt au paradis. Dans le cas contraire, c'était aux supplices infernaux qu'était voué le défunt. Tel est le jugement des morts type. "

[308] Siegfried MORENZ, *Egyptian Religion*, London, Methuen and Co ltd, 1976.

[309] Traducido del inglés: "measure of judgement upon men".

[310] Siegfried MORENZ, *Egyptian religion*, *op. cit.*, p. 131.

[311] *Ibid.*, p. 130.

[312] *Ibid.*, p. 126-127, traducido del inglés: "Here the vignettes accompanying the text (the details of which vary) show that the dead man's heart, deemed to be the seat of the intellect and will as well as the life-giving centre of the physical body, is weighed against the symbol of Maat (usually depicted as a feather), which serves as an ethical standard. Anubis... is master of the balance, and is in control of the pointer; the scribe Thoth records the verdict and announces it. If the verdict should be unfavourable, the sinner falls victim to 'the devourer'... a hybrid monster...".

[313] Etienne DRIOTON, "Le jugement des âmes dans l'Egypte ancienne", Revue du Caire, 1949, p. 1-2. Traducido del francés: "Dans les vignettes les plus détaillées, Osiris siège au fond d'une salle sous un baldaquin royal à colonnes, assisté d'Isis et de Nephthys et entouré de quarante-deux assesseurs. A l'autre extrémité du hall, le défunt est introduit par Anubis à tête de chacal, le psychopompe ou conducteur des âmes. Une balance est dressée au centre de la salle. Le coeur du défunt est représenté posé sur l'un des plateaux, et sur l'autre une image ou un symbole de la déesse-Justice Mäet. Anubis surveille le peson, et Thot à tête d'ibis inscrit le résultat sur sa palette. Un

monstre à l'allure d'hippopotame, la Dévorante, accroupi auprès de la balance, attend que le damné lui soit livré en pâture. Le Justifié, lui, passe outre et s'avance vers Osiris sous la conduite d'Horus."
[314] Comparar con Henri FRANKFORT, *op. cit.,* quien escribe, p.118: "The forty-two judges of the late funerary papyri belong to an entirely different order of thought. They are simply another obstacle to be passed. Like those other dangers and obstructions which we have discussed, they were created by fear, assisted, in this case, by an uneasy conscience."
[315] Jean YOYOTTE, "Le jugement des morts selon l'Egypte ancienne", *op. cit.*, p. 46. Traducido del francés: "Le défunt s'avance, légèrement courbé, comme ceux qui, ici-bas, comparaissent en l'office du grand juge... Le coeur du mort est posé sur un plateau de la balance; sur l'autre se dresse la légère Maât, que l'imagerie symbolise par une plume, par une mignonne idole ou par un oeil. Le préposé à la balance, Anubis, 'lève le bras', pour arrêter au plus vite le balancement du peson et l'oscillation du fléau. L'équilibre est atteint: le dieu-chien fait signe à Thoth. Tantôt singe, tantôt homme à tête d'ibis, le dieu scribe prend sa palette afin de noter le verdict de l'instrument. La "grande Mangeuse" se dresse sur sa natte: campée sur ses maigres pattes de lion, traînant son postérieur pataud de pachyderme, elle tourne avidement son museau de saurien vers le greffier..."
[316] Jan ASSMANN, *Maat, op. cit.* 1989.
[317] *Ibid.*, p. 73.
[318] Traducido del francés: "s'est élargi vers une morale professionnelle sacerdotale. La notion de tabou divin joue un rôle majeur..."
[319] *Ibid.*, p. 80.
[320] *Ibid.*, p. 81, traducido del francés: "C'est le coeur qui est pesé sur la balance contre le symbole de la Maât, la plume sur le deuxième plateau. La plume étant la matière la plus légère, tout dépend donc de la légèreté du coeur. L'équilibre parfait est le meilleur résultat; les péchés alourdissent le coeur. Tandis que le coeur est pesé sur la balance, le Ba de l'homme se dresse en témoin. Anubis manie la balance, Thoth note le résultat. A côté se dresse la 'grande mangeuse', un monstre qui, en cas de déséquilibre, est chargé de l'élimination du coupable"
[321] Representado bajo la forma de un pájaro negro con cabeza humana.
[322] Jan ASSMANN, *Maat, op. cit.*, p. 82-83.

[323] Al final de la civilización egipcia, se encontraban estos conceptos.
[324] "L'homme de l'Oasis", llamado también "les neuf palabres du paysan volé" (el campesino elocuente), traducción de Claire LALOUETTE, tomo 1, *op. cit.*, p. 203: "...que ta langue soit exacte..". "Non, ne dis pas de mensonges, car tu dois être une balance."
[325] Henri FRANKFORT, *Ancient Egyptian religion, op. cit.*, p 117-121.
[326] *Ibid.* p. 118.
[327] *Ibid.*, p 118-119.
[328] *Ibid*, p. 121. traducido del inglés: "It is no wonder that those who approach Egyptian religion from such adaptations, and take their stand on texts written for the least thoughtful section of the population, reach the conclusion that the Egyptian beliefs concerning afterflife do not make sense. But they act like a man who would gauge our present knowledge of the stars by studying horoscopes in the newspapers. "
[329] Sobre el papel de los colores, *cf.* Erik HORNUNG, *op. cit.*, p.15. El blanco es también el color de la luz solar, *cf.* Claire LALOUETTE, tomo 2, op. *cit.*, nota p. 290.
[330] Anubis, dios de las necrópolis, inventor de la momificación, *cf.* Guy RACHET, *Le livre des morts des anciens Egyptiens*, *op. cit.*, p. 226.

[331] La cruz Ankh (ansata) es el símbolo de la vida. Imagen tomada del libro de Hilary WILSON, op. cit., p. 46.
[332] Se piensa que este animal come el alma del difunto culpado y así lo hace morir una segunda vez.
[333] Es el dios de los escribas y del conocimiento mágico, *cf.* Guy RACHET, *Le livre des morts des anciens Egyptiens*, *op. cit.*, p. 243.
[334] A pesar de la magia que se utiliza cada vez más, como se puede ver en la literatura funeraria, para facilitar el pasaje.
[335] Se trata del dios Horus, con cabeza de Halcón.
[336] Podemos encontrar Re o Thot en la cima de la balanza en ciertas imágenes. Maat está a veces representada por una figurilla de diosa llevando la cruz Ankh (ansata) en vez de la pluma blanca. El vaso que representa el corazón es a veces reemplazado por una cabeza humana. Por otro lado los 42 jueces o asesores, o dioses fueron agregados en una época más tardía, y los egiptólogos no están de acuerdo en cuanto al papel que desempeñan. Ver: Jean YOYOTTE, "Le jugement des

morts selon l'Egypte ancienne", *op. cit.*, p. 59; Henri FRANKFORT, *op. cit.*, p.118.

[337] Que parece tener dos orejas y una boca al revés. Ver: G. RACHET, Guy RACHET, *Le livre des morts des anciens Egyptiens*, Editions du Rocher, 1996, p. 27 y p. 117.

[338] Algunos autores piensan que la representación del equilibrio es un acto mágico para facilitar el pasaje hacia el más allá. *Cf.*: Erik HORNUNG. Mientras que Jan ASSMANN piensa que es una iniciación.

[339] Sobre el cual los egiptólogos y sobre todo los historiadores de las religiones no pudieron evitar proyectar nuestra visión de la ética, de la moral y de la conciencia.

[340] Sobre el carácter concreto del vocabulario egipcio: Pierre GRIMAL en el prefacio del libro de: Claire LALOUETTE, tomo 1, *op. cit.*, p. 15; *cf* también "L'homme de l'Oasis", traducción de Claire LALOUETTE, *op. cit.*, tomo 1 p 206, mismo texto: p. 201;

[341] En un pasaje citado por Alexandre MORET, él escribe en jeroglíficos que el dios Thot es el "fecundador de Maat", la escritura de esta expresión es muy concreta como se puede ver más bajo. Alexandre. MORET *Le rituel du ...*, *op. cit*, p. 139

 "Ailleurs, Thot est appelé le 'fécondateur Mâit" (Todtenbuch, CXLI, 14).

[342] Es también la opinión de Irene SHIRUN-GRUMACH, "Remarks on the Goddess MAAT", *op. cit.*, 173-201: *cf.* p. 173.

[343] *Cf.* Claire LALOUETTE, *Textes sacrés et Textes profanes de l'Ancienne Egypte*, tomo 2, *op. cit.*, p.. 161, nota p. 290.

[344] Sobre el símbolo de la balanza: *cf.* Jean CHEVALIER, Alain GHEERBRANT, *Dictionnaire des symboles*, Paris, Laffont, Collection Bouquins, 1982, p. 98.

[345] Henri FRANKFORT, *Ancient Egyptian religion, op. cit.*, p. 118-119.

[346] Los textos de las confesiones son a menudo oscuros para nuestros espíritus modernos.

[347] *Cf.* Claire LALOUETTE, tomo 1, *op. cit.*, nota 10: "Puisse-t-il vivre, être en bonne santé et prospérer" (habituellement abrégé en "Vie-Santé-Force") est un souhait placé après chaque nom royal ou chaque élément de la personne ou de l'entourage royal."

[348] Jan ASSMANN, *Maat, op. cit.,* p.13.

[349] Erik HORNUNG, *L'esprit du temps des pharaons, op. cit.,* p. 137.

[350] Es decir lo social, lo religioso, lo cósmico, etcétera.

[351] Guy RACHET, *Le livre des morts des anciens Égyptiens,* op. cit., p.153.

[352] *Ibid.*

[353] Alexandre MORET, *Le Nil et la civilisation égyptienne, op. cit.,* p. 84-85. *Cf.* sobre los textos de las pirámides: Claire LALOUETTE, tomo 1, *op. cit., p.* 142, Pierre GRIMAL, en el prefacio del libro de Claire LALOUETTE, *tomo 2, op. cit.,* p. 8.

[354] *Cf.* Claire LALOUETTE, tomo 1, *op. cit.,* p. 142; p. 192; p. 266, y *tomo 2,* p. 34; p. 36; p. 125; p. 173.

[355] Por ejemplo para el texto "la satire des métiers" (la sátira de las profesiones) *cf.* traducción de Claire LALOUETTE, tomo 1, op. cit., p. 192; y para "les textes des sarcophages" (los textos de los sarcófagos) traducción de la misma autora, p.266.

[356] Guy RACHET, *Le livre des morts des anciens Égyptiens, op. cit.,* p.7, p. 41. Sobre los textos de las pirámides: Guy RACHET, *Le livre des morts dans anciens Egyptiens, op. cit.,* p.7, p. 41.

[357] Henri FRANKFORT, *Ancient Egyptian religion, op. cit.,* p. 117.

[358] Guy RACHET, *op. cit.,* p.141.

[359] Según la traducción de Claire LALOUETTE, tomo 1, *op. cit.,* p. 84.

[360] Guy RACHET, *op. cit.,* p.174: "Je suis le maître de la lumière." y p.180.

[361] Guy RACHET, *op. cit.,* p. 162.

[362] *Cf.* "L'homme de l'Oasis", traduction de Claire LALOUETTE, tomo 1, *op. cit.,* p. 203.

[363] Sobre la palabra "righteous" (derecho), como conformidad a Maat que entrena la felicidad, ver: Henri FRANKFORT, *Ancient Egyptian Religion, op. cit.,* p. 72; Siegfried MORENZ, Egyptian Religion, *op. cit.,* y p.113-116 sobre la noción de "derecho" en su aspecto físico.

[364] Claire LALOUETTE, tomo 2, *op. cit.,* p. 32.

[365] Guy RACHET, *op. cit.,* p. 173-174 y p. 173: "J'ai en horreur le chaos, je ne le regarde pas, je ne me soucie que de Maât, je vis en elle...""

[366] Sobre Maat e *Isfet, cf.* Myriam LICHTHEIM, *op. cit.,* p. 18.

[367] Erik HORNUNG, *L'esprit du temps des pharaons, op. cit.,* p. 136, traducido del francés:"*Isfet* est: 'un terme de sens obscur qui signifie quelque chose comme injustice, désordre, déraison' ... On trouve aussi

gereg, "mensonge" et chab, "ce qui est tordu". Il en découle pour Mât des significations comme "justice, authenticité, exactitude, ordre, droiture".

[368] Jean YOYOTTE, "Le jugement des morts...", *op. cit.*, p.21. Traducido del francés: "Plus ou moins teintée de conformisme politique et social, l'éthique égyptienne consiste, pour le particulier, à agir, sur tous les plans en accord avec Maât. Le juste, l'homme de bien, le bien-heureux dans l'autre monde, sera dit maâty, 'celui qui est de Maât'; l''inique', le rebelle à son roi, le sacrilège, le perturbateur qui attente à l'ordre fondamental des choses est l'isefety, d'un mot isefet qui désigne l'atteinte à Maât et peut se traduire par 'désordre'."

[369] Jean YOYOTTE, "La pensée préphilosophique..", *op. cit.*, pp. 1-23; p. 11.

[370] Henri FRANKFORT, *Ancient Egyptian religion, op. cit.*, p. 132.

[371] Erik HORNUNG, *L'esprit du temps des pharaons*, *op. cit.*, p.99. Comparar con el texto: "la prophétie de Neferty", traducido por Claire LALOUETTE, tomo 1, *op. cit.*, p. 71: "Le disque solaire, voilé, ne brillera plus pour que le peuple puisse voir; on ne pourra pas vivre si les nuages (le) recouvrent; et, privés de lui, tous les hommes seront sourds."

[372] Erik HORNUNG, *op. cit.*, p. 139.

[373] Claire LALOUETTE, *tomo 2, op. cit.*, p. 142.

[374] Guy RACHET, *op. cit.*, p.145: "Chapitre xv (suite) PLANCHE 20, Salut à l'Osiris Ani, justifié en paix, qu'il dise: hommage à toi qui te lèves sur l'horizon comme Rê, rendu stable par Maât !"

[375] Guy RACHET, *op. cit.*, p. 151.

[376] Guy RACHET, *op. cit.*, p. 149.

[377] Guy RACHET, *op. cit.*, p. 151.

[378] Guy RACHET, *op. cit*, p. 141.

[379] Guy RACHET, *op. cit.*, p. 120: "Chapitre XXIX: "Es-tu venu pour mon coeur, celui par qui je vis?" y p. 155: "L'Osiris Ani justifié, vivant de coeur..."

[380] "L'art de Vivre du Vizir Ptahhotep", traducción de Claire LALOUETTE, tomo 1, *op. cit.*, p. 24, como ejemplo de los efectos de la mala escucha.

[381] *Cf.* "Les deux serpents du rêve de TANOUTAMON et la conquête de l'Egypte", traducción de Claire LALOUETTE, tomo 1, *op. cit.*, p. 42.

[382] "L'art de Vivre du Vizir Ptahhotep", traducción de Claire LALOUETTE, tomo 1, *op. cit.*, p. 239.

[383] *Cf.* "Le Grand-prêtre Petosiris et sa famille (vers 360 av. JC)", traducción de Claire LALOUETTE, tomo 1, *op. cit.,* p 262; Myriam LICHTHEIM, *op. cit.,* p. 53.

[384] "L'art de Vivre du Vizir Ptahhotep", traducción de Claire LALOUETTE, tomo 1, *op. cit.,* p.236; y tomo 2, a propósito del cansancio del corazón del sol, p 49.

[385] "L'instruction royaliste de SEHETEPIBRE" en este texto el rey es el sol, traducción de Claire LALOUETTE, tomo 1, *op. cit.,* p. 75.

[386] *Cf.* "Les chants du désespéré XIIE dynastie, dialogue entre l'homme et son Ba", traducción de Claire LALOUETTE, tomo 1, *op. cit.,* p. 222, sobre el corazón del Ba.

[387] Guy RACHET, *op. cit.,* p. 61.

[388] *Cf.* "Enseignement du roi AMENEMHAT I à son fils SESOSTRIS" traducción de Claire LALOUETTE, tomo 1, *op. cit.,* p. 57 y p. 58.

[389] *Cf.* "Les lamentations d'IPOU-OUR", traducción de Claire LALOUETTE, tomo 1, *op. cit.,* p. 215.

[390] *Cf.* Alexandre PIANKOFF, *Le "coeur" dans les textes égyptiens*, Paris, Librairie Paul Geuthner, 1930.

[391] Guy RACHET, *op. cit.,* p. 61.

[392] Sin embargo comparar con otra traducción que revela la dificultad de traducir el idioma egipcio: Claire LALOUETTE, tomo 1, *op. cit.,* p. 271: "Il dira: 'O mon coeur qui me vient de ma mère, ô mon coeur qui me vient de ma mère, ô mon coeur attaché à mes transformations'..." en la nota n°132, p. 342, la autora da la traducción literal siguiente: "qui appartient à ma mère".

[393] Guy RACHET, op. *cit.,* p. 141: Aquí es claro que la interpretación literal es más precisa. Comparar con la traducción de otro texto por Myriam LICHTHEIM, *op. cit.,* p. 63: "I worship you, your beauty in my eyes, your rays touching my chest, I raise up Maat to your majesty daily" (Urk. VI, 2097-2098)

[394] "Le Décret d'HOREMHEB 1340 av JC", traducción de Claire LALOUETTE, tomo 1, *Des Pharaons et des Hommes*, op. *cit.,* p.83.

[395] Nili SHUPAK, "Some idioms connected with the concept of 'heart' in Egypt and the Bible", *op. cit.,* p. 203, sobre la relación entre las orejas y el corazón.

[396] Guy RACHET, *op. cit.,* p. 108.

[397] Erik HORNUNG, op. *cit.,* p. 134.

[398] "La prophétie de Neferty", traducción de Claire LALOUETTE, tomo 1, *op. cit.,* p. 71.

[399] Guy RACHET, *op. cit.*, p. 141; 149; *cf.* también: "Textes sculptés sur les parois d'une des chapelles de TOUTANKHAMON qui régna vers 1350 av. J.C. Traducción de Claire LALOUETTE, tomo 1, *op. cit.*, p 155 y p. 179: "Les exploits valeureux du commandant AMENEMHEB (vers 1480- 1440 av. J.-C.)".

[400] Que utiliza el principio de pasaje/no pasaje de una energía (electricidad) a través de una materia.

[401] Guy RACHET, *op. cit.*, p. 162-163; *cf.* también: "Les Enseignements de Ptahotep", traducción de Claire LALOUETTE, tomo 1, *op. cit.*, p. 265: "La force disparaît car le coeur est las".

[402] Guy RACHET, *op. cit.* p. 161.

[403] Guy RACHET, *op. cit.*, p. 161.

[404] Palabras del Osiris-Ani, *cf. Guy RACHET, op. cit.*, p.61.

[405] "La satire des métiers", traducción de Claire LALOUETTE, tomo 1, *op. cit.*, p.197: "Ne dis pas de mensonges contre ta mère, c'est l'abomination des grands."; *cf.* también: "l'homme de l'Oasis", traducción de Claire LALOUETTE, mismo libro, p. 203: "...que ta langue soit exacte, ne t'égare pas, car l'une des parties de son corps peut être un serpent pour l'homme; ne dis donc pas de mensonges."; y mismo texto p. 204: "Ne dis pas de mensonges, car tu es un homme important. Ne sois pas léger, car tu es un homme de poids. Non, ne dis pas de mensonges, car tu dois être une balance. Ne sois pas brouillon, car tu dois être la rectitude."; "L'enseignement du scribe Ani", traducción misma autora, mismo libro, p. 255: "Quant à celui qui enfreint (la vérité) en mentant, (comme) c'est Dieu qui dépêche la vérité et la justice, son destin viendra et se saisira de lui."

[406] *Cf.* PIERRET, *Etudes égyptologiques*, II, p. 94 ss.: "Qui dit vérité dit conformité de l'idée avec son objet, dont le contraire est l'erreur; conformité de ce qu'on dit avec ce qu'on pense, dont le contraire est le mensonge... La conformité se prouve par la comparaison, aussi le mot égyptien a-t-il pour déterminatif et pour idéogramme l'instrument type de la comparaison et de la mesure, la coudée ou règle ▭ ". Citado por Alexandre MORET, *Le rituel du culte divin journalier en Egypte*, *op. cit.*, p. 149, note n° 1.

[407] La encontramos en los *libros de los muertos* a propósito del difunto y en numerosos textos a propósito de los reyes, *cf.* por ejemplo: Claire LALOUETTE, tomo 1, *op. cit.*, p.153 y p. 179.

[408] Claire LALOUETTE, *tomo 2, op. cit.*, p. 27; p. 28: a propósito del corazón y de su funcionamiento en relación con los sentidos, p. 28: a

propósito del corazón y de su funcionamiento en relación con los brazos, las piernas y las manos.

[409] "L'homme de l'Oasis", a propósito del corazón y de su funcionamiento en relación con los sentidos, Claire LALOUETTE, tomo 1, *op. cit.*, p. 204, 208,209; *cf.* Myriam LICHTHEIM, *op. cit.*, p. 59 "I abominate rapacity" y p. 61: "I am truly straight, free of greed."

[410] Sobre la opinión que no existen pecados sino sólo anomalías del funcionamiento que se pueden corregir: *cf.* Henri FRANKFORT, *Ancient Egyptian religion, op. cit.*, p. 73.

[411] Claire LALOUETTE, tomo 1, *op. cit.*, p. 210, Aqui "Maat" está traducido por "justicia".

[412] Sobre la expresión "manger son coeur" (comer su corazón): *cf.* Papyrus d'Ani, traducido por Guy RACHET, *op. cit.*, p. 193.

[413] "L'homme de l'Oasis", traducción de Claire LALOUETTE, tomo 1, op. *cit.*, p. 204.

[414] *Ibid.*, p 205.

[415] "L'instruction royaliste de SEHETEPIBRÊ", traducción de Claire LALOUETTE, tomo 1, *op. cit.*, p 75.

[416] Guy RACHET, *op. cit.*, p. 61.

[417] Guy RACHET, *op. cit.*, p. 182.

[418] "Dialogue entre l'homme et son Ba", traducción de Claire LALOUETTE, tomo 1, op. *cit.*, p. 225: "On se tourne vers les étrangers pour (trouver) un coeur droit.."; comparar con la opinión de Siegfried MORENZ a propósito de la significación del jeroglífico de Maat que sigue: ⌦, Siegfried MORENZ, *Egyptian Religion, op.cit.*, p. 113. El piensa que el sentido inicial de "derecho" era geométrico y que después se transformo en concepto ético.

[419] Guy RACHET, *op.cit.*, p. 65.

[420] Guy RACHET, *op. cit.*, p. 141.

[421] La concepción moderna de la religión implica creer en doctrinas que no se pueden verificar personalmente en la práctica. Los egipcios podían verificar prácticamente los efectos de la conformidad o no con Maat.

[422] Numerosos textos hablan del rejuvenecimiento físico, de la prosperidad vital, de la buena salud gracias a la energía solar. Por lo contrario los textos hablan de la debilidad del cuerpo cuando hay una mala escucha, y de la destrucción de la vida que resulta también de una mala escucha. Sobre todos estos asuntos: *cf.* Claire LALOUETTE, tomo 1, *op. cit.*, p. 241; p. 75; p. 248 y p. 205.

[423] *Cf.* "Enseignement du roi KHETI III à son fils MERIKARÊ", traducción de Claire LALOUETTE, tomo 1, *op. cit.,* p. 52.

[424] Guy RACHET, *op. cit.,* p. 86.

[425] Traducción de Claire LALOUETTE, tomo 1, *op. cit.,* p.29, y nota 10; *cf.* también mismo libro: p. 29, p. 33, p. 67, p. 239, p. 258, y p. 75: "Enseignements à Mérikarê": "...le roi doit être le seigneur de la joie". *Cf.* también: Myriam LICHTHEIM, *op. cit.,* p. 27 "life, prosperity, health !".

[426] Se dice también que está relacionada con la libre circulación del agua del Nilo, durante sus crecidas anuales, que sin embargo son debidas también al orden cósmico, especialmente es la estrella Sirius la que anuncia la crecida del Nilo. *Cf.* Hilary WILSON, *Understanding Hieroglyphs*, London, Brockhampton Press, 1999, p. 174.

[427] Irene SHIRUN-GRUMACH, "Remarks on the Goddess MAAT", *op. cit.,* p. 173, sobre la pluma, Maat y la luz.

[428] Es el sol.

[429] Claire LALOUETTE, *tomo 2, op. cit.,* p. 32.

[430] Para un ejemplo de la escucha de Maat: *cf.* Myriam LICHTHEIM, *op. cit.,* p. 35: "I am a hearer who hears the truth, I am exact like the balance, truly straight like Thoth". Sobre el hecho de llenarse los oídos con Maat: *cf.,* Myriam LICHTHEIM, *op. cit.,* p. 50 "who fills the ears of Horus with truth."

[431] Aquí el traductor ha escrito entre paréntesis (Maat), lo que corresponde a la traducción literal, y es mucho más útil.

[432] Guy RACHET, *op. cit.,* p. 61. Traducido del francés: "Celui qui est dans la tombe dit: je te prie, ô peseur d'équité (Maât), fais que la balance reste stable"

[433] Claire LALOUETTE, tomo 1, *op. cit.,* p. 37 (estabilidad del sol), p. 67;p. 92, p. 152, p. 155, p. 184.

[434] Michel VILLEY en el prefacio al libro de Emmanuel KANT, *op. cit.,* p. 23;*cf.* Aristote, *Ethique a Nicomaque*, Paris, VRIN, 1983, 5.ª edición, p. 224 y 245-246.

[435] Marcel MAUSS, "Essai sur le don", *op. cit.,* p. 157, 159, y sobre todo 161.

[436] *Ibid.,* p.160.

[437] *Ibid.,* p. 165

[438] *Ibid.,* p.180.

[439] *Ibid,* p.176.

[440] Edward BLEIBERG, *The Official Gift in Ancient Egypt*, Oklahoma, University of Oklahoma Press. 1996,

[441] *Ibid*, p. 5.

[442] *Ibid*, p. 27.

[443] *Ibid*, p.27.

[444] *Ibid*, p. 23.

[445] Marcel MAUSS, "Essai sur le don", *op. cit.*, p. 151.

[446] Sobre este punto: *cf*. Myriam LICHTHEIM, *op. cit.*, p. 21.

[447] "L'échange est au coeur de la civilisation égyptienne", Entretien avec Jean YOYOTTE, *Eurêka*, Paris, Bayard Presse, septembre 1998, n° 35.

[448] Jean-Claude GOYON, *Maat...*, *op. cit.*, p. 85.

[449] Comparar con. Marcel MAUSS, *op. cit.*, p. 165. Traducido del francés: "Le culte en Egypte, n'est autre chose que l'acte de retour accompli par le roi régnant qui rend au créateur sa faculté de créer et lui assure les moyens physiques de perpétuer l'univers. Le culte apparaît ainsi, avant tout, comme une transaction quotidienne, permanente établie sur le plan juridique *do ut des* 'je donne afin que tu donnes'"

[450] *Ibid*., p. 246. Traducido del francés: "L'avarice interrompt le cercle du droit, des mérites, des nourritures renaissant perpétuellement les unes des autres."

[451] Lionel THOUMYRE, *Abuses in the Cyberspace, the Regulation of Illicit Messages Diffused on the Internet*, CRID Namur, Belgium, Thesis, 1996, http://www.juriscom.net.

[452] Doy a fin de que des, y los "primitivos" decían: "si doy a los dioses, me devolverán mucho más".

[453] *Cf*. sobre la historia de Netscape: Joshua QUITTNER & Michelle SLATALLA, *Speeding the Net*, London, Orion Business Books, 1998.

[454] Sobre el ejemplo de Netscape *cf*. Serge GUÉRIN, *Internet en questions*, Paris, Economica, 1997, p. 87.

[455] Ser materialmente rico no es necesario en el mundo virtual. Además en este mundo dar algo nunca empobrece.

[456] Que tiende a generar beneficios gracias a la ley económica de la oferta y de la demanda, del mundo material.

[457] Es decir que prodrían hacer lo mismo con otros medios: Internet es simplemente un medio más que pueden utilizar para lo que hacen.

[458] Lionel THOUMYRE, *Abuses in the Cyberspace, op. cit.*

[459] Al principio era un espacio de libertad, regulado por los cibernautas a través de la "Netiquette".

[460] *Cf.* informe LORENTZ, *op. cit.*, III.2.4. y III.5.12. *Cf.* Conseil d'Etat, France, *Internet et les réseaux numériques, étude adoptée par l'Assemblée générale du Conseil d'Etat le 2 julio 1998*, Paris, La Documentation française, 1998, recommandation n° 1, 2 et 4.

[461] La preocupación mayor de los Estados es la dificultad de recaudación fiscal. Ver: LORENTZ, *op. cit.*, III.2.

[462] Tal postura es muy fuerte en Francia como se puede ver en el Rapport LORENTZ, *op. cit.*, II.2.4.

[463] *Cf.* Gordon GRAHAM, *The internet:// a philosophical inquiry*, NY,Routledge, 1999, p. 118.

[464] Paul MATHIAS, en su libro: *La cité Internet*, Paris, Presses de Sciences PO, La bibliothèque du citoyen, octobre 1997, p 72-73 critica esta postura.

[465] *Cf.* Ira MAGAZINER, *Framework for Global Electronic Commerce*, julio 1997, http://www.ecommerce.gov/: "... governments must adopt a non-regulatory, market-oriented approach to electronic commerce, one that facilitates the emergence of a transparent and predictable legal environment to support global business and commerce. Official decision makers must respect the unique nature of the medium and recognize that widespread competition and increased consumer choice should be the defining features of the new digital marketplace". Para el análisis francés de las posturas americanas, ver: Francis LORENTZ, *La nouvelle donne du commerce électronique: réalisations 1998 et perspectives: rapport de la mission Commerce électronique*, France, Ministère de l'économie, des finances et de l'industrie, Paris, Editions de Bercy, Etudes ISSN 1245-2246, 1999, II.1. "Une initiative américaine: supprimer les barrières au commerce électronique."
http://www.telecom.gouv.fr/francais/activ/techno/techndoc/technodoc.htm

[466] Reno v. ACLU, 26 juin 1997, n° 96-511,
Textos: http://www.aclu.org/issues/cyber/trial/sctran.html
Texto de la ley *de Decencia en Las Comunicaciones*:
http://www.epic.org/cda/cda;
Texto de la decisión, otros documentos:
http://www.epic.org/cda.

[467] Sitio del EPIC: http://www.epic.org.

[468] En el marco de la propiedad intelectual, Ver: Joe VERHOEVEN, "Souveraineté et mondialisation: libres propos", *op. cit.*, p. 51.

[469] Francia tiene una postura diferente y quiere controlar el contenido de Internet. Según el Conseil d'Etat, *op. cit.*, 1998, p. 129, la ley criminal francesa se aplica cuando un contenido ilicito es disponible sobre el territorio francés cualquier que sea su lugar de origen. Yahoo USA compareció delante el Tribunal de Grande Instance de Paris el 15 de mayo 2000, a propósito de contenidos licitos en Estados Unidos pero no en Francia. *cf. Le Figaro*, 25 julio 2000, p. 5.

[470] Court TV:
http://www.courttv.com/old/library/cyberlaw/ny_decency.html

[471] Que entrenan en torno la prosperidad.

[472] Sin embargo, como lo subrayan los litigantes, los cibernautas, contrariamente a lo que ocurre en el mundo tradicional, no son pasivos, son ellos los que deciden si quieren tener acceso a un sitio o no.

[473] Eso también ocurre en el mundo tradicional pero en Internet, el efecto es mutiplicado. Eso también ocurrió para Minitel. Lo prohibido atrae, como lo subraya un autor: Gordon GRAHAM, *The internet:// a philosophical inquiry*, NY, Routledge, 1999, p.124.

[474] Por otro lado, el Estado francés afirma su gran deseo de purificar la red Internet, mientras no hace nada para prohibir los llamados "sitios rosas" a pesar de que sería muy fácil hacerlo.

[475] Excepto si se prohíbe a sus con-nacionales tener acceso a Internet.

[476] Es lo que menciona muchas veces: el Conseil d'Etat francés, Conseil d'Etat, France, *op. cit.*, *2 julio 1998*, Paris, La Documentation française, 1998, *passim*.

[477] Ver sobre este asunto: Conseil d'Etat, France, *op. cit.*, p. 76 y p. 78.

[478] Sobre las características técnicas de Minitel, *cf.* Jean-Yves RINCE, Le Minitel, Paris, PUF, Que Sais-je?, n° 2539, 1990, p. 13; Sobre la red minitel: *cf.* Thierry BRETON, *Les téléservices en France*, Paris, la Documentation française, 1994; sobre el análisis económico de Minitel, *cf.* OCDE, *L'expérience française du Minitel: Leçons pour le commerce électronique*, DSTI/ICCP/ie (97) 10/FINAL, http://www.ocde.org. Sobre Minitel e Internet: *cf.* informe LORENTZ, *op. cit.*, VI.

[479] Los Minitels fueron prestados gratuitamente a los usuarios.

[480] Antes, era una compañía enteramente pública, de telecomunicaciones, encargada de la implementación de la red y de la gestión de los servicios propuestos a través de Minitel.

[481] *Cf.* OCDE, *op. cit.*, p.19.

[482] Sobre la necesaria intervencion estatal para los nuevos mercados, ver: OCDE, *op. cit*, p. 32. Sobre el éxito inicial de Minitel, *cf.* Michel ABADIE, *Minitel Story*, Paris, Publi S.A., 1988.

[483] Mucho más importante que la riqueza producida por la mala utilización de Minitel.

[485] Llamado por un autor: "terminal préhistorique" p. 11 y "matériel 'primitif'", p. 123, *cf.* Guy LACROIX, *Le mirage Internet, enjeux économiques et sociaux*, Paris, VIGOT, Collection Essentiel, 1997.

[486] A pesar de estos hechos, France Télécom hizo que Minitel estuviera disponible en la red Internet, según el principio de fijación de tarifas Minitel. Las personas deben abrir una cuenta con France Telecom antes de poder conectarse a Minitel a través de Internet.

[487] OCDE, *op. cit.*, p. 23.

[488] Los franceses no tenían acceso a Internet.

[489] Siempre de actualidad a pesar de la utilización cada vez más frecuente de Internet en Francia.

[490] Sobre los precios: *cf.* http://www.francetélécom.fr.

[491] Segun Guy LACROIX, *Le mirage Internet, enjeux économiques et sociaux*, *op. cit.*, p. 124. Al principio France Télécom tomaba la mitad del precio pagado por los usuarios. Mientras en 1997 tomaba entre 30 y 50 % del precio pagado por los usuarios.

[492] OCDE, *op. cit.*, p. 23.

[493] *Ibid.*, p. 23. Traducido del francés: "Le mode d'organisation du Minitel a donc un effet pervers puisqu'un service simple, rapide et efficace peut faire moins de chiffres d'affaires qu'un service compliqué, long et inefficace..."

[494] Se pagaba sólo el precio normal de una llamada local.

[495] Guy LACROIX, *Le mirage Internet*, *op. cit.*, p. 124. Traducido del francés: "On en arrive à ce que lorsqu'on prend un billet de train, on paie la SNCF. pour le temps d'attente et pour la délivrance du billet"

[496] Hoy en día es lo que pasa con Internet, del cual la SNCF está sacando un buen partido, ver: revue *France TGV*, Paris, septiembre 2000, n° 27, p. 16.

[497] A pesar de su monopolio.

273

[498] En un sentido amplio, es decir también de personas y de mercancías.